新　潮　文　庫

パラダイス山元の飛行機の乗り方

パラダイス山元著

JN211120

新　潮　社　版

10901

目次

文章中の運行状況、便名、運賃、マイル、ポイントなどは執筆当時のものです。

パラダイス山元の飛行機の乗り方

はじめに――アントニオカルロス序文

ここ数年、たがが外れたように飛行機に乗っています。飛行機に乗ること自体が目的化して、極力それ以外の煩《わずら》わしいことには関わらないように、こつこつしみじみ搭乗しています。1年間で1024回搭乗した年もありました。1日で11回搭乗という荒行もやりました。どんなベテランパイロット、CAでもこういう乗り方はしない、というかやってはいけないことだと思います。

1年間、ほぼ機内食だけで生活してみたりもしました。「機上居《きじょうい》」が好きなんだね、と周りから揶揄《からか》われました。ところがどうして、痩《や》せました、16kgも。ついでに、たぶん相当被曝《ひばく》もしているはずです。

マイルを貯《た》めるために飛行機に乗っている「マイラー」とよく誤解されがちなのですが、そうではありません。マイル制度は幾度となく改訂され、マイルを貯めてお得に乗るという常識が通用しにくくなりました。特典航空券など、たしかにお得に乗れる制度はまだ残っていますが、マイルを貯めるためだけに飛行機に乗っている人は、もう少しアタマを働かせた方がいいと思います。時間もお金も労力もすでに相当つぎ込んでいるでしょうから、トータルで考えると損をしているはずです。

手段が目的化してしまった時点で、マイラー、修行僧と呼ばれる類《たぐ》いからきっぱり足を洗いました。たしかに、たくさん乗っているとマイルはどんどん貯まります。使っても、使ってもなかなか減りません。でも、マイルを貯めるためだけに飛行機に乗るなんて、もったいなさ過ぎます。

飛行機に、そもそも何のために乗っていますか？　仕事、出張、冠婚葬祭、旅行……。理由がなくて、飛行機に乗ってはいけませんか？

この本には、世界一役に立たない飛行機の乗り方が綴《つづ》られています。

青春18きっぷの旅も楽しいですが、空の旅はもっと楽しいですよ。

「ヒ」の章

阿房《あほう》飛行機

ついこないだ、所用があって、と言いたい所ですが、とりたてて用事はなかったのですが、フランクフルトに行ってきました。用事のない者は飛行機には乗せないという決まりはないようですから、忙しいビジネスマンにまぎれて、澄まして乗ってきました。用事はなくても、お金を工面して、というかそれも正直に白状すると、貯《た》まったマイルを特典航空券に換えて支度をして出かけたのですから、どういうわけで行く気になったかを考え詰めることはできます。強いて言えば、しばらくぶりに、国際線のファーストクラスに乗りたくなってしまったから、それだけのことでした。

飛行機での移動をなんもかんもひっくるめて「旅」という、大げさな言葉で表現するのはあまり好きではありません。何日間もかけて移動しようと、また日帰りであっても、「純粋な移動」と「旅」は分けられて然《しか》るべきです。「今回の出張では、旅を楽しむ余裕がほとんどなかったよ」などと耳にすることがありますが、旅の概念を無理やり出張にあてはめようと考えること自体おかしいわけです。

日本全国ほぼどこへでも、飛行機で日帰りが可能なこの時代に、1日で行って帰ってくることを、わざわざ「旅」として捉《とら》えるのは不自然です。遠くへ移動したからといって、いちいち旅情を感じなければならない、なにかその土地のものを味わったりしなければいけない、という呪縛《じゅばく》から解放されると、移動そのものが途端にとてもラクになり、「純粋な飛行機の移動」に集中することができます。

東京から大阪へ日帰り出張する際、会社の同僚や、家族のためによかれと思って買ってしまう肉まんや、赤福、ひとくち餃子《ギョウザ》も、実はそれほど喜ばれていないかもしれません。せっかく買ってきたというのに、「バカのひとつ覚えかよ！」と、家族からは疎《うと》ましくさえ思われているかもしれません。旅におみやげはつきものですが、単なる移動におみやげは必須《ひっす》ではありません。「阿房飛行機」は、手ぶらが一番です。

初海外は14日間豪華ヨーロッパハイライト

本業がすでになにがなんだかよくわからない状況なのですが、「東京パノラママンボボーイズ」でミュージシャンとしてデビューしたあとは、地方公演、海外公演でなんだかんだと飛行機に乗る機会が増えました。自動車会社でカーデザイナーをしていた頃には、業務出張で飛行機に乗ったことは一度もありませんでした。

私生活で海外旅行へ初めて出かけたのは27歳の時、「14日間豪華ヨーロッパハイライト」とかいうツアーで、新婚旅行でした。

生まれて初めて降り立った外国は、デンマークでした。あっ、違います、当時はアンカレジ経由だったのでアメリカでした。この先長く休めることなど一生ないだろうから、せめて新婚旅行くらいはゴールデンウィークに引っ掛けて、最大2週間の休みをいかせるツアーにしてしまおうという魂胆でした。

なので、結婚式は4月末。そこから連休目一杯を使いました。しっかり、同じことを考えているカップルが、成田空港の出発ロビーに自分たちを含め10組20名揃《そろ》っていました。全員、昨日結婚式を挙げたカップルの集団というのには笑えました。バブル真っ只中《ただなか》ながら、あれこれ切り詰めて旅行にお金をかけてきている方ばかり。そんな経験をしたのは、たぶん私だけではないでしょう。

しかし、その後、苦労して入った自動車会社をまさか5年で退職することになるとは考えてもいませんでした。東京パノラママンボボーイズがデビューした90年代前半は、イカ天（イカすバンド天国）に代表されるバンドブームの頂点でした。

デビュー直後から、札幌、大阪、広島、博多、熊本、日本各地を飛行機で回り始めました。ロンドン、パリ公演というのもあり、国際線へ乗る機会も増えました。一生に一度の海外旅行かもしれないから、いっそ豪華に……などと言っていた自分のスケールの微笑《ほほえ》ましさったらありません。

気が付けば、パスポートはスタンプ一杯で、ページを追加するまでに。人生これから先も何が起こるか見当がつきません。公認サンタクロースも案外多忙なんです。知力体力が続く限り、いつまでも飛行機に乗っていられるようありたいものです。

多い日は1日11回搭乗

航空会社の時刻表は、空港、旅行代理店に行けば、タダで貰《もら》えます。各社それぞれ、なんの統一感もない、中途半端《はんぱ》なサイズの冊子を毎月大量に発行しています。でも、「スマホで予約、購入、発券までできる時代になったというのに、いつまで時刻表なんか印刷しているんだ、紙とインクがもったいない、エコじゃない、プンプン！」などと、持論をぶちかますオヤジは、私からすると軽蔑《けいべつ》対象者です。紙媒体で、最後に残るべきものは時刻表と、クリスマスカードだと信じているのです。

そういえば、鉄道ファンだった一時期、私は熱心な時刻表マニアでもありました。小学校1年生の時点で、横長の判型の北海道内時刻表が愛読書でした。駅名を網羅している地図、時刻表の中の特急列車や寝台車のアイコンに心躍りました。

客車列車を表す、列車番号の後ろの「レ」という記号を見つけては、この釜《かま》（蒸気機関車）はC62の何号だろう？　などと想像をしていました。日本交通公社の時刻表と赤鉛筆、それにカメラを首からぶら下げて、周遊券で全国の鉄道を旅するのを夢見ていたはずなのですが、今は雲の上を周遊する方が好きになってしまいました。

時刻表の数字から、何を読み解くか。

自宅に籠《こも》りながら、黙々と時刻表で理想のルートを辿《たど》ってみる。普通列車だけを乗り継いで全国を回る。

「スジ鉄」と言われる時刻表マニアともなると、実際に列車に乗らなくても、乗り換えの際に階段を駆け上がる光景や、路線を走る車窓の風景をリアルに妄想でき、それだけでうっとりしてしまうものです。それを、飛行機の時刻表でやりはじめたら止まらなくなってしまいました。鉄道でやるより飛行機で妄想する方が、ワクワク度が遥《はる》かに高いのです。

乗り継ぎ時間をできるだけ短くして、1日にどれだけ飛べるかなどは、たいした知識を必要とせずとも、簡単にルーティングができます。単純に考えて鉄道の列車本数と飛行機の便数では比べものになりませんから、情報量という観点でみても鉄道より飛行機の方が、はるかにライトで初心者向きとも言えます。

1日で達成できる羽田発、羽田着の最長一筆書きルートは？

1日で「羽田―札幌」を、何往復できるか？

1日で、同一航空会社で最大何区間乗ることができるか？

宮脇俊三《みやわきしゅんぞう》著『時刻表2万キロ』を読んだ鉄道ファンならあたりまえに思いつくようなことを、なぜ飛行機でやってはいけないのか。誰もやってはいけないなどとは言ってないようなので、ならば自分がやってみようと思い立ちました。

短距離の離島路線などを混ぜると、必然的に搭乗回数を増やすことができます。複数の航空会社を使うとさらに乗れるルートがあるのですが、乗り継ぎ時間の問題があります。「単一航空会社で1日最大回数」という響きがよいのと、自分自身で勝手にレギュレーションを定め、ルートを決めていくという楽しさがなんとも言えません。時刻表の上でいくら繋《つな》がったといっても机上の空論。まさに机上の空論を、機上で**実践するのです。**

2ヶ月前から予約を入れた実行日は、梅雨に入る直前の6月13日。

普段であれば、悪天候などで飛ばなくなったり引き返したりというイレギュラーなオペレーションは、心躍る、最高のアトラクションと大喜びしてしまう私なのですが、この大切な日だけは、そんなこと言っていられませんでした。

ただただ晴天を祈るのみ。

「羽田―伊丹《いたみ》―高知―伊丹―福岡―五島福江《ごとうふくえ》―福岡―対馬《つしま》―福岡―羽田―千歳《ちとせ》―羽田」

１日11回搭乗は、はたして成功したのかしなかったのか。

それが、あまりにもあっさり成功してしまいました。もっと乗り続けたいくらいの気分です。

「伊丹―高知」「福岡―五島福江」「福岡―対馬」の復路では、それぞれの便でキャビンアテンダントさん全員から、アキバのメイド喫茶ばりの「お帰りなさいませ」コールが炸裂《さくれつ》。トリプルお帰りなさいませプレイの１日でした。

タッチでいこう

とりあえず、複雑で高度な技を使う乗り方は置いておくとして、飛行機に乗り慣れていない方の訓練として「タッチ」をおススメします。タッチといっても、あだち充《みつる》の漫画のことではありません。双子《ふたご》のお笑い芸人でもありません。

目的地に着くやいなや、乗ってきた飛行機、または隣のスポットで出発地に向かおうとしている飛行機に乗り継いで、スグに出発地へ戻ってくるというのがタッチです。

国内線の場合、滞在時間は長くて1時間以内、それ以上だと私的にはタッチではなく「ステイ」にカテゴライズされてしまいますので、長居をしないよう常に注意しています。

とにかく、できるだけ到着地での滞在時間を切り詰めるのが望ましい。ただ純粋に飛行機に乗りにきたわけですから、到着地で無駄に時間を持て余しているようではあんばいよくありません。

私が、国内線で好んでタッチをしている路線は、「羽田―札幌」「羽田―稚内《わっかない》」「羽田―オホーツク紋別《もんべつ》」「羽田―大島」「羽田―八丈島」「羽田―三宅島《みやけじま》」「羽田―伊丹」

「羽田─石見《いわみ》」「羽田─福岡」「羽田─宮崎」「羽田─沖縄」「羽田─石垣」の各路線です。

羽田から、稚内、オホーツク紋別、大島、三宅島、石見、石垣へは、季節によって1日1往復しか飛んでいなかったりしますから、当然のことながら、同じ機材、同じクルーになります。到着空港に着いて20～30分で再び保安検査場を通り抜け、乗ってきた飛行機の機内へと乗り込みます。

羽田から、札幌、伊丹、福岡へ向かう路線は便数が多いので、1日に何度もタッチすることが可能です。札幌へ1日3往復、「トリプルタッチ」というのを何日間か続けてやってみましたが、次第に羽田へ向かっているのか、札幌へ向かっているのかさえわからなくなってきます。

「羽田─福岡─羽田─大分─羽田─福岡─羽田─札幌─羽田」。北へ南へ比較的長距離路線、1日8区間の「クアトロタッチ」を数日間続けてみましたが、これは結構覚《かく》醒《せい》してクセになります。

流氷タッチ

シングルタッチについて、「羽田―オホーツク紋別」を例にお話ししましょう。

そもそもオホーツク紋別空港なんていう、カタカナ名称の空港が日本にあることも驚きなのですが、羽田から1時間45分で一面流氷に覆《おお》い尽くされたオホーツク海を眼下に収めることができ、本来なら、もっと脚光を浴びてもおかしくなさそうな路線でありながら、なかなかメジャーになりきれないでいます。

行政も、搭乗率を向上させるため、地元民へのキャッシュバックキャンペーンなど、あの手この手の方策を打ち出していますが、有効に作用しているとは言いがたく、特に冬場の搭乗率は苦戦を強いられています。

航空会社と連携して、単なるボーナスマイルの付与ではなく、Wプレミアムポイント、いやトリプルプレミアムポイントボーナスキャンペーンくらいまで行えば、どっと搭乗客が押し寄せて常に167席満席で飛ばせるのに……と、空席が目立つ便に乗るたびに、妄想してしまいます。実現は難しいとは思いますが、検討してみて下さい。

この路線は、普通席でも非常に高いのですが、冬季は大幅に値下がりします。特筆すべきはプレミアムクラスも比較的安価（プレミアム旅割28）で乗れてしまうことです。当日、空港カウンターで、普通席からプレミアムクラスへアップグレード申請すると、差額は８０００円もします。

プレミアムクラスだと、羽田では、待ち時間のロスがない専用カウンターでチェックインできますし、手荷物は、通常普通席で20kgまでのところが、40kgまで無料になります。いや、我々が目指すのはタッチですから、荷物の重量制限に関してはこの際どうでもいいでしょう。時間帯、日によっては長蛇の列になっている一般の保安検査場を横目に、専用の保安検査場をスルッと通過して、無料の生ビールサーバーが設置されているラウンジで、おつまみをポリポリと頂きながら搭乗開始時間までまったりすることができるのです。生ビールだって、搭乗口横の売店で買えば６００円もします。ちなみにラウンジにおいてあるおつまみの小袋の製造メーカーは「ブルボン」です。キューサイの青汁サーバーだってあります。

搭乗口。ここでもまた一般客の行列を尻目《しりめ》に、優先搭乗で機内へ入ることができます。まぁ、いち早く機内に入ったとて、他人よりも早く到着地に着けるわけでもなく、「いったいなんなんだこのサービスは？」という類《たぐ》いのものではあるので、この件に関してもこれ以上は触れません。飛行機に乗るまでは、そんなこんなのトホホな特典しかありませんが、座席間隔50インチ（127センチ）パソコン用コンセント完備、フットレストつきの専用シートに腰掛けたところで、ようやく8000円分（実質差額2300円）の恩恵を受けられることになります。

キャビンアテンダントさんの丁重なご挨拶《あいさつ》からはじまり、新聞、おしぼり、アルコール、食事、音質にこだわった高性能ヘッドフォン、ウール100％の毛布、国際線ビジネスクラスと同じスリッパに枕《まくら》、アイマスク、耳栓、マウスウォッシュの提供と、至れり尽くせりのサービスです。しかも、オホーツク紋別行きのプレミアムクラスは、前方に8席（737－800、737－700）しかありません。羽田から札幌、沖縄に就航しているジャンボジェット（747－400）では23席もあります。2013年、この路線でプレミアムクラスに乗って3往復していますが（そのうち2往復が日帰り）、8席満席だったことは残念ながら一度もありません。搭乗率が低ければ、キャビンアテンダントさんのサービスを、さらに濃密に感じることができます。

砕氷船でダイナミックに氷を粉砕しながらの航海を楽しむのが流氷鑑賞の定番ですが、飛行機の窓から観《み》る流氷が一番美しいと、私個人としては思います。船上は、半《はん》端《ぱ》なく寒いです。寒過ぎます。離着陸時、地図どおりの輪郭の氷結したサロマ湖や、遠くに北方領土を望むことができる暖かい機内からの眺めだけで十分です。運と天気が良ければ、流氷の上で寝そべっているアザラシの群れも確認できます。離着陸時は、双眼鏡や、超望遠レンズを持っていくとよいかと。

オホーツク紋別空港にはボーディングブリッジがありません。飛行機の最前方左側の扉にタラップ車が横付けされ、階段を下りて空港ターミナルまで、徒歩で移動することになります。扉が開き、ひんやりした新鮮な空気が機内に流れ込む瞬間は「はるばる北海道に来たんだ！」という感動体験が味わえます。

北海道上陸の定番ルート、新千歳空港だと、飛行機から降りてボーディングブリッジを通過、その後外気に触れることなくＪＲ地下ホームの「快速エアポート」に乗り込んで札幌駅に到着、ようやくここで外の空気を吸うことになります。場合によってはホテルまでずっと屋内移動ということにもなりかねません。やはり、飛行機から降りた瞬間に北海道を肌で感じることができるというのは貴重な体験です。

タラップを下り、空港ターミナルへ向かう途中で振り返ると、人為的な造作物がまったくない背景に、小さなジェット機がポツンと駐機している。この構図は、オホーツク紋別でしかありえません。冬場、太陽と雲のコントラストが神々《こうごう》しいまでに鮮やかな空に、尾翼のＡＮＡのロゴが映える冬の風景は、ぜひ立ち止まって撮影しておきたいものです。

到着した飛行機が再び羽田へ向けて出発するまで40分。到着後、保安検査場を出発20分前までに通過しなければなりません。到着出口から保安検査場入口までは25歩。歩いて10秒足らず。ということで、最大20分の自由が与えられます。北海道観光をしたければ、お好きにどうぞ。到着出口からは10歩で屋外に出られます。オホーツク紋別空港の赤いサインをバックに自撮りをしてもよし、小さな雪だるまをつくって写真を撮ってきたっていいのです。「北海道なう。」と、つぶやくのもご自由にどうぞ。

屋上にある展望デッキは無料開放されていますが、乗ってきた飛行機1機と、タラップ車、給油車、除雪車以外、やはりここに立ってもなにも他に目に入ってきません。とくに物欲しそうな顔をしていたわけではないでしょうが、「よかったら、うちの飛行機好きのスタッフが撮った写真なんかいらない?」と背後からおねえさんに声をかけられました。たぶん自腹でプリントしたであろう生写真を2枚も頂くことに。凍《い》てついた北海道の大地で味わう、道民のあたたかいおもてなし。グッと何かがこみあげてきます。

喫茶カウンターと売店はそれぞれ1軒のみ。1日1便(1往復)なので、飛行機が飛び立った後は早々に店じまいしてしまいます。売店には、ひととおりの北海道の定番おみやげが揃っていますが、私のおススメは、オレンジ色のニクい帯がパッケージに襷《たすき》がけに印刷された高橋製菓の「ビタミンカステーラ」（86円）です。子どもの頃、よくイッキ食いしては喉《のど》を詰まらせました。牛乳と一緒にお楽しみください。北海道の隠れたベストセラー菓子です。

オホーツク紋別発羽田行きのフライトは、パイロット、キャビンアテンダント乗員全員、先ほど一緒に羽田から飛んできたメンバーで構成されています。機内に入る際、チーフパーサーの挨拶に恥ずかしがったり、たじろいだりしてはいけません。

「おかえりなさいませ、ヤマモトさまー」

秋葉原のメイド喫茶ばりに、キャビンアテンダントさん全員が笑顔で迎えてくれます。普通に考えたらこっ恥ずかしい仕打ちですが、そんなことでいちいち怯《ひる》んではいけません。いちいち気にしていたら、タッチなんてやってられません。

「お仕事、無事お済みになりましたか？」

さらに、ダメ押しともいえる羞恥《しゅうち》プレイが炸裂《さくれつ》する場合がありますが、それでもヘラヘラしているより他ありません。暗に「運び屋さんですよね」と言われているような気もしないではないですが、意味不明な行動パターンの乗客に対し、最大限ねぎらいの言葉をかけて、気を遣ってくれているのだと解釈したいものです。

「あれー、随分ご無沙汰《ぶさた》しておりました。○○さんは、お元気でしたか？」くらいのライトなキャッチボールができるのが望ましいです。CAさんの名前は往路便で確認済み。

「羽田↔オホーツク紋別」。往路のお弁当には、日本酒、焼酎《しょうちゅう》を合わせて。復路はサンドイッチと焼菓子のセットが出るので、スパークリングワイン、赤ワイン、そしてポタージュスープを注文するとよいでしょう。食後はスターバックスのコーヒーか、TWGロイヤルダージリンティーなどお好きなものをお好きなだけどうぞ。って、昼間っから呑《の》んでばっかりかいと、自分にツッコミを入れておくことにします。

この路線のいいところは、会社へ出社したあと「お得意先回り」と書き残し、11時00分羽田発のオホーツク紋別行きに乗って、折り返し便で15時15分には羽田へ到着できる点です。もう一度会社へ戻ったところで誰一人として、オホーツク海で流氷を見てきたなんて、想像すらしませんから安心です。

黄金色の憎い奴《やつ》

787などの最新型機はバリアフリー対応がなされていて、トイレについても、面積が格段に広くなり、窓も付いて明るく快適な空間に進化しています。ちょっと感動したのは、トイレから身体《からだ》が離れた際、自動でフタが閉まる仕組みです。一般家庭でも自動開閉式が普及しつつありますが、787のそれは、壁側から金属製の支柱が出てきて、フタを閉める一連のメカニカルな動作が目で見て確認できるという点がニクいです。さらに、国内線では初となるウォシュレットも装備されています。

長居したくなる飛行機のトイレは、なかなか落としどころが難しいですね。たちまち行列になってしまいますから。

食事が終わって、食器が下げられた直後のトイレ争奪戦は、まさに熾烈《しれつ》です。イイ大人が、どうして食事の前に、済ませておけないのですかね。常時渋滞ができてしまうトイレ付近通路側の席には、あまり座りたくないものです。

公認サンタクロース標準体型の私が、小型のプロペラ機のトイレに入ると、体全体がハマってしまい、一度下ろしたものが上げられなくなってしまったり、身動きがまったく取れなくなったりしてしまいます。しかし、カラダをねじらねば脱出できなかろうが、お尻《しり》がすっぽり便座にハマろうが、私は空の上で用を足すのが好きなのです。

飛行機に乗る直前、子どもに向かって、「ちゃんとトイレ行っとけよー」と言っている父親がいます。常識的な指示ながら、それは貴重な空の上での排泄《はいせつ》体験の機会を奪っている行為とも言えます。

航空会社からすれば、乗客全員に搭乗前、スッキリしたあとに乗ってきて貰えたら、CO_2の削減につながるのに……と真剣に考えているはずなので、そんな担当部署さえあることでしょう。「飛行機に乗る前は、必ずトイレへＧｏ！」キャンペーンをいつ始めないとも限りません。たとえ、Ｇｏ！キャンペーンが実施されても、自分の排泄にはこだわりを持ち続けたいです。犬のマーキングと関係性があるかどうかは不明ですが、飛行機を降りたあと、便座に股《また》をかけ放出された黄金色の憎い奴が世界を股にかけ移動していくのを想像しただけで、私はうっとりしてしまいます。

旅客機が誕生したての黎明期《れいめいき》は、機外に放出して「空中分解」させていたらしいのですが、航路直下の住民にとっては甚だ迷惑な話でした。単に乗客だけでなく、憎い奴もきっちりと運んでいる今の飛行機はスゴイです。

飛行機のトイレはかなりレベルの高いアトラクション設備です。狭いスペースに鏡、洗面台があり、おむつ台も格納されていて、トイレットペーパーの他に、ティッシュ、ペーパータオル、エチケット袋、便座シート、生理用品が備えられています。排泄に関するあらゆるニーズに応《こた》えた上質なユニバーサルスペースと言えましょう。

「空の日」に空港で開催される航空機部品の即売会に、いつトイレそのものが出るか虎視眈々《こしたんたん》と狙《ねら》いを定めているのですが、操縦桿《かん》や、ビジネスクラスのシートは出品されていても、なかなかトイレのユニットにはお目にかかれません。トイレのフタ、便座の1枚だって出品されているのを見た試しがありません。おおかたの航空ファンの興味対象外と言ってしまえばそれまでですが、趣味の分野は実に多様化しています。機体から外していても出品されずに、万一そのまま処分されてしまっているとしたなら、それはみすみす需要を逃していることになります。是非次回はトイレユニットを出品して頂きたい、関係者のみなさんに対して、切に願うばかりです。

飛行機のトイレと地上のトイレの最大の相違点は、その音にあります。そうです、あのボタンを押したとき、ほんの2秒かそこら間をあけて、ハイテク時代の強制型水《すい》琴窟《きんくつ》ともいえる豪快なバキュームサウンドが轟《とどろ》く瞬間には、子どもの頃からわくわくさせられていました。いえ、今でもわくわくします。あのサウンド、Ｍａｃｂｏｏｋで大容量のメールを送った時とかに出てくると楽しいはずです。新しいＯＳに、是非採用を検討して貰いたいです。研究所の所長に聞いたわけではありませんが、音響心理学的に非常によいサウンドであると確信しています。身体がスッキリしたと錯覚させる説得力があるのです。

たいした量を排泄したわけでもないのに、十数リットルは出たんじゃないかと思われても仕方がない爆音が、外に漏れ聞こえてしまうのは、実はちょっとだけ恥ずかしいものです。キャビンアテンダントさんたちが仕事をしているギャレーの目の前のトイレから、ボォッワァァァァッゴボッゴボゴボゴボジューーッキュユウゥウゥンゴォウワァーーッ、とバキューム音が響き渡ってしまうと、外に出るのを躊躇《ちゅうちょ》してしまいます。この迫力あるサウンドで、お尻本体が吸引されていくような錯覚に陥り、自らのお尻を沈み込ませて動けなくなってしまう人は、航空会社あたり年間1000人は下らないと推測します。

実際、トイレの中から「助けてぇー」という叫び声が聞こえたフライトに乗り合わせたことがあります。扉は外からも開く構造になっているらしく、キャビンアテンダントさん数人がかりで、ハマってしまった小柄なご婦人を救出していた現場に遭遇しました。

「便座がO型だった時は吸い込まれた人が大勢いましたが、U型になってからは吸気用の隙間《すきま》が増え、そのような事故はだいぶ減りました」と聞いたことがあるような、ないような。しかし、今でも主流は0型です。いつか「お客様の肥相談室《こえ》」で、ついでに聞いてみようかと思います。お尻をハマらせてしまった乗客を助けた乗務員の表彰、年間最多救出ランキングの棒グラフはあるのかなど、尻たいことは巻き盛りあります。訓練施設でハマってしまった客の役を同僚に演じてもらいながら、キャビンアテンダントさんらが一生懸命対応している姿をつい目に浮かべてしまいました。本当にご苦労さまです。

ANAの退役間近の747-400のトイレのフタには、「腰掛け便器の使い方」という「ピタゴラスイッチ」の10本アニメのような線で描かれたイラストのシールが貼《は》られていました。デビュー当時は、まだ公共のトイレは和式が主流でしたでしょうか?

787のトイレの扉が自動で閉まる音は、ボーイング社に弁解の余地なしというほど、うるさいものです。せっかく静かな機内が実現したというのに、やたらめったらバッタンバッタン。トイレ付近のビジネスクラスの乗客は、あれでは熟睡できません。次回の「羽田―フランクフルト」搭乗までに改善されていたらうれしいです。

※2014年3月、ANAの747-400は全機退役

オカマイラー

日頃は飛行機にはほとんど乗らず、クレジットカードのショッピングだけでポイントを貯《た》め、それを航空会社のマイルに交換、さらにそのマイルを特典航空券に交換して飛行機に乗る人のことを、「陸《オカ》マイラー」と呼んでいます。和製英語です。

航空会社が発行するクレジットカードを使って飛行機に乗ったり、買い物でマイルを貯めて、特典航空券などに引き換えて旅行する人のことは、ただ「マイラー」と呼びます。ついでに、飛行機とはまったく関係ありませんが、作家など有名人のお墓などを巡ってお参りする「墓マイラー」もいます。合わせ技で「墓マイラーの陸マイラー」や「マイラーな墓マイラー」、それから何人か私の友人にも該当する「オカマの陸マイラー」など、マイラーのカテゴリーは年々多様化してきています。

電子マネーやクレジットカードのポイント制度などが、複雑に進化したり何度も改変されている現状では、情報はすぐに陳腐化します。何がどうお得で、どうすればたくさんマイルを貯めることができるのか、マイルマーケットそのものを研究対象にする勉強会が開かれたりするのは当然の成り行きです。日々の買い物だけで香港《ホンコン》に行けたり、持っている航空券がビジネスクラスにアップグレードされたりするのが嫌な人なんて、この世にいませんからね。

千円札数枚の貧弱なお財布が、ここ数年で、レンタルビデオ店や、家電量販店のポイントカードなどでいつのまにか膨れ上がり、さらには病院の診察カード、薬局の会員カードが、それらを上回る勢いの私。ヤバイ、ヤバイ。

金券ショップやネットオークションで流通しているデパートの商品券、株主優待券、新幹線の回数券などと、電子マネーやクレジットカードを関連させ、飛行機にタダで乗る方法を編み出した、オカマの神髄と呼ばれた方もおりましたが、出る杭《くい》は打たれるというか、ほどなくその道は信販会社のルール改定により閉ざされてしまいました。

南無阿弥陀仏《なむあみだぶつ》、なんマイラー。

「ダイヤモンドサービス」メンバー
最短9日間で達成

よく考えてみたら、毎年行われるデンマークの世界サンタクロース会議、ノルウェーでお正月に開催される公認サンタクロースの慰労会、海外でのマン盆栽のエキシビション出展など、年に3〜4回は海外へ出かけていました。さらに、年末が近づくと国内をあちこち飛び回ることになります。トナカイのソリはクリスマスイブの夜以外は使ってはならない、というお達しが、グリーンランドに住む長老サンタクロースからありましたので、公認サンタクロースの移動は、もっぱら飛行機を中心とせざるを得ません。

今から6年前、スターアライアンスゴールドステイタスとやらの条件5万ポイントをもしかしたら満たすことができるのではないかと、ドキドキしながら航空会社のホームページを調べた結果、ぎりぎりでダメでした。あと4500ポイント不足していたのです。なぜ、もっと早くこの仕組みを理解しておかなかったのか、悔やんでも悔やみきれない、あとのフェスティバルでした。

さて、世界の航空会社は、いくつかのグループにまとまっています。代表的なのはANAやスカンジナビア航空が加盟している「スターアライアンス」、JALやキャセイパシフィックが加盟している「ワンワールド」、大韓航空やエールフランスの集う「スカイチーム」です。それぞれ独自のマイレージプログラムを実施しており、搭乗回数や搭乗マイルによって、上級ステイタスにランクアップされます。

もしあなたが頻繁に乗る航空会社があれば、その会社が加盟しているグループのプログラムに入るのが適切でしょう。

誤解されがちなのは、搭乗以外でもクレジットカードを使った買物でも貯まるマイルと、実際飛行機に乗らないと付かないポイントというのが、まったく別ものであるという点です。また、ポイントの積算方法は、同じアライアンス加盟の航空会社間でも基準が微妙に違います。

私がよく利用するスカンジナビア航空の場合、ユーロボーナスというメンバーシップに登録したあと、入会月からの12ヶ月間で4万5000ポイント貯めるか、搭乗回数45回に達すると、ユーロボーナスゴールドメンバーになり、さらにスターアライアンスゴールドステイタスを獲得できます。ANAですと、ANAマイレージクラブに登録後、同じスターアライアンスでも、ANAですと、年間5万プレミアムポイントを達成すると、1暦年、つまり1月〜12月の間で、年間5万プレミアムポイントを達成すると、ANA「プラチナサービス」メンバー、およびスターアライアンスゴールドステイタスになることができます。搭乗回数によるアップグレードは、ある理由で数年前に廃止されました。

10万プレミアムポイント貯めると「ダイヤモンドサービス」メンバーになります。一概に10万プレミアムポイントといってもすぐにはピンとこないと思いますが、例えばANAで「成田―ロンドン」を、エコノミー割引運賃で往復して積算率70%で86 98ポイントが付与されますから、これならば年間12回、ロンドンまで月1回の往復で、「ダイヤモンドサービス」メンバーの資格が得られることになります。

国内線ですと「東京―札幌」を例にとると、普通運賃で往復して2840プレミアムポイント。年間36往復、月に3回北海道へ行くってどんな仕事なんだ、と。割引運賃や、パックツアーで乗ると、当然のことながらポイントの積算率は低くなります。

そんなわけで、そうそう簡単《がんたん》に手にすることができなさそうな「ダイヤモンドサービス」ではありますが、裏技でもなんでもなく、一年の計は元旦にありと、新年早々ステイタス獲得のために集中して搭乗すれば、最短9日間で「ダイヤモンドサービス」メンバー資格に到達することが可能です。自身のスケジュールに合わせて、多少アレンジはしましたが、2007年の1月前半に10万プレミアムポイントを超える搭乗を試みました。

なぜ新年早々にスタートするのかというと、10万プレミアムポイントに到達した翌月（1~3月に到達した場合は4月中旬）から、翌年3月31日まで「ダイヤモンド事前サービス」が受けられるからです。本来なら1暦年で貯まったプレミアムポイントの実績によって、翌年の4月1日から翌々年の3月31日までが正式な「ダイヤモンドサービス」メンバーとして認められるわけですが、その前年の4月から事前サービスが受けられるという制度です。集中した搭乗により実質2年間ステイタスが維持できるというのは、私にとってみればかなりお得な話。この方法で1年おきに、ANAとJALのダイヤモンドステイタスを交互に継続し、実質Wダイヤモンドという達人もいらっしゃいます。

同じく早期の5万プレミアムポイント達成で、「プラチナ事前サービス」メンバーを狙うという作戦もあります。まず最初に目指すステイタスはこちらでしょう。

お正月を除けば、1月2月というのは航空券が底値の時期です。前年に割引運賃で計画的に購入しておきましょう。あとはあなたのやる気次第。絶対に取得しておくべきだとは申しませんが、そっと背中を押して差し上げましょう。

「羽田―沖縄」1日2往復、プレミアムクラスにご搭乗下さい。

山元様リフレイン

それが、ＡＮＡ「ダイヤモンドサービス」メンバーに対する専用サービスなのかどうかはわかりませんでしたが、とても親切で、丁寧なキャビンアテンダントさんの担当するフライトでした。

いつもご搭乗下さいまして誠にありがとうございます、山元様。

大変申し訳ありませんが、山元様、離陸許可がまだ下りません。

山元様、先ほど30分ほど遅れると申しましたが、あいにくまだ……。

おつまみご用意しております、山元様。

山元様、あいにくまだ出発の許可が目的地の北京《ペキン》空港から下りません。

山元様、お食事の前のお飲物はいかがいたしましょうか。

お食事のご用意いたします、山元様。和食と、洋食と……。

ワイン、シャンパン、日本酒などのご用意もありますが、山元様。

お口に合いましたでしょうか、山元様。

山元様、もしよろしければこちらのボールペンをお使い下さい。

いつもお買い求め頂きまして、誠にありがとうございます、山元様。
山元様、あと15分で最終着陸態勢に入ります。
免税品が国内線と国際線で差がありますこと、山元様には……。
もしよろしければ、お写真お撮りいたしましょうか、山元様。
恐れ入りますが、テーブルを元の位置にお願いいたします、山元様。
山元様、本日はお買い上げ頂きまして誠にありがとうございました。
山元様、お急ぎのところ大変遅れまして申し訳ございませんでした。
またのご搭乗をお待ちしております、山元様。
山元様、こちらお忘れになってはいませんか！
山元様、どうぞお気をつけて、いってらっしゃいませ。
「関西—北京」ビジネスクラス、合計ぴったり20回、山元様とコールされました。

とくにテレビ番組の企画でもなんでもなく、結婚していて、子どもがいて、太っていればOKという理由で、

「ぜひ、パラダイスさん、デンマークに行ってきてください、相当暑いですが、お願いします！」

と、スカンジナビア政府観光局の女性職員から、六本木でしゃぶしゃぶの接待を受けながら言われてしまったので、仕方なくスカンジナビア航空のエコノミークラスの真ん中の席で、「北欧フィヨルド満喫ツアー」のおばちゃんたちに完全包囲されながら成田を出発することになったのは1998年の夏のこと。日本から公認サンタクロースの候補生を選出することになったので、デンマークまで受験しに行って下さい、という依頼でした。

サンタは飛行機でやってくる

北極に一番近い世界最大の島、グリーンランド（デンマーク領）には、永遠の命を持つ長老サンタクロースが今も住んでいると言われています。世界中の子どもたちに長老サンタクロース一人でプレゼントを配るのが厳しくなった1957年に「グリー

ンランド国際サンタクロース協会」が設立されました。世界中からサンタクロースにふさわしい人材を「公認サンタクロース」として認定している団体です。世界各国で、長老サンタクロースの補佐をする公認サンタクロースがその任務を代行し、クリスマスに関わる様々な歴史や文化を各国ごとに大切に継承しています。

東京・荻窪《おぎくぼ》の自宅からデンマーク・コペンハーゲンの会議場まで、空港も、飛行機の中も、サンタクロースの衣裳《いしょう》を着用のことと、長老サンタクロースから念を押すFAXが送られてきました。世界共通の決まりだから、日本からの参加でもそのルールは適用されますと。アラスカ、カナダに住んでいるサンタクロースだって、エルサルバドルの公認サンタファミリーだって、結構な距離をサンタクロースの衣裳で移動していると聞きます。ノルウェー、スウェーデン、ドイツの公認サンタクロースは、せいぜい自宅から2〜3時間。それに比べて、日本の公認サンタクロースは自宅から出発して、会議場到着まで丸1日、24時間かかります。プチ拷問《ごうもん》です。我慢大会そのものです。

毎年、ハイシーズンの夏休み初日に出発するという理由から、航空券は自身で手配する決まりなので、あれこれ算段して安いチケットを探さなくてはなりません。トナカイのソリは、クリスマスイブの夜以外は使用禁止なのです。そういえば、なぜ、夏にサンタクロース会議が開かれるのかというと、サンタクロースがクリスマスを控えて忙しくなる前の夏であればみんな暇していて、世界中から集まりやすいということで、協会の設立当初からそうなのでした。

「成田―コペンハーゲン」のスカンジナビア航空の直行便が最も便利なわけですが、満席だったり高騰《こうとう》していたある年は、たまたま安かったタイ航空で「成田―プーケット―バンコク―コペンハーゲン」という、南回りを選択したこともありました。もちろんサンタの格好で、です。

この頃から、なにか悟り始めてきました。サンタクロースのコスプレ……いや正装で真夏に飛行機に乗るのはかなりハードです。TV局のカメラマンが、私の前を後ずさりしながら、正面から撮ってくれているわけでもありませんので、よほどのコスプレ好きでなければ、基本的には相当な羞恥《しゅうち》プレイです。

サンタクロースの衣裳で機内をうろちょろしようものなら、暇をもてあました乗客から、「サンタさん、サンタさん、ちょっと一枚一緒に写真いいですか？」ということに当然なります。一度応じると、次はボクも次は私も……と、キリがない連鎖状態に陥ります。こちらはきちんとお金を払って乗っている一般客だというのに、航空会社のアトラクションかなにかみたいに思われてツーショット写真責めにあうなんてヒドくないか、などとココロの中で仮に思ったとしても、笑顔で「ＨｏＨｏＨｏ〜」。
それが公認サンタクロースの務めなのです。

ＬＣＣ童貞

「1円で福岡まで行ってきました」

「5円で札幌まで行ってきました」

「500円でソウルまで行ってきました」

近頃、そんな話を自慢げにFacebookにアップしている友人が多過ぎます。どんだけ安く行けたかって、そんなに自慢したいことなんですかね？

実は、私、ＬＣＣにはまだ一度も乗ったことがありません。1円でチケットを買えたためしがありませんし、乗る勇気もなければ、乗る気さえまったく起こらないのです。

「マイルやポイントが貯まらないからでしょ」

なんて言われることがありますが、それもあります、たしかにそうです。

でも、触手が伸びないものに無理して手を伸ばすと、ロクなことが起きないというのは、半世紀生きてきてあれこれ実証済みですので、これからもたぶん乗らないのだと思います。そんなんで「飛行機の乗り方」なんて抜かすなーとお怒りになる方がいらっしゃるかもしれませんが、ＬＣＣはこれまでの航空会社の概念を打破しようと、まったく新しいビジネスモデルとして参入してきた訳ですから、今までの飛行機のカテゴリーには入らないと言えなくもないのです。

たとえて言うなら、

「餃子《ギョウザ》の王将の餃子は、餃子の王将の餃子であって、餃子ではない」（パラダイス山元）

に近いかと。

限定数の特売商品に早朝から並ぶようなゲーム感覚の行為。ちょっと前なら喜んでやりました。でも、もうできません。介護される側にだんだんと近づいてくると、若者と一緒の行動はムリ。ＬＣＣの席は素直に若者に譲りますと、この場で高らかに宣言いたします。

せっかくまだ一度もＬＣＣに乗ったことがないなら、できれば一生乗らないで通すのもこの際悪くないなと。キャンペーンでいつだって1円や5円で乗れるようなものに、私が大切にしてきたＬＣＣ処女、じゃなかったＬＣＣ童貞を奪われたくないのです。

※ＬＣＣ…Low Cost Carrier　ローコストキャリア（格安航空会社）の略称

スイートラウンジ

ひとくちに空港のラウンジといっても、誰がそこを利用できるのかというレギュレーションは、正直素人《しろうと》には判別しがたいものです。

よく目にするのは、クレジットカード会社が発行する、年会費が一般のカードよりちょっと高い「ゴールドカード」を持った搭乗客が、航空会社のラウンジの入口で「どうして入れてくれないんだよー、俺はゴールドカード持ってんだぞー」とトラブっていたりする光景。本人に悪気はまったくないのでしょうが、自分の不勉強を棚に上げて怒鳴っている姿は、情けないというか、見ているこちらまで恥ずかしくなります。

羽田や成田には、様々な種類のラウンジが存在します。

「カード会社ラウンジ」

「航空会社ラウンジ」

「航空会社上級会員向けラウンジ」

「VIPラウンジ」

海外の空港には、「銀行系ラウンジ」「プライオリティーパスラウンジ」というのも存在します。

大きく分けると、クレジットカード会社や銀行、空港などが運営しているラウンジと、航空会社がそれぞれ多頻度利用客、ビジネスクラス、ファーストクラス利用者、上級顧客向けに用意しているラウンジ、あとは国会議員などが利用するラウンジになります。最後のVIPラウンジはちょっと縁遠いところですが、カード会社ラウンジであれば、年会費さえきちんと払えば通してくれます。航空会社のラウンジは敷居が高めです。単発でよければ、国際線ならビジネスクラス、国内線であればプレミアムクラス（ANA）を利用、または事前にネットで予約・決済すれば、入室できます。『飛行機の乗り方』の読者にふさわしいラウンジといえば「ANAスイートラウンジ」や、「ダイヤモンド・プレミアラウンジ」（JAL）だったりするわけですが、どんなにお金を積んでも入れないところがあります。一例を挙げると、羽田空港の国内線、国際線ターミナルそれぞれにある「ANAスイートラウンジ」には、「ダイヤモンドサービス」メンバーとその同行者1名、そしてファーストクラス利用者と同行者の入室が認められています。プレミアムクラス、ビジネスクラス利用者であっても入ることができません。とにかく、飛行機に多く乗っていないと、入っちゃだめなんです、と。では、どのくらい乗ればよいかというと、利用するクラスによって異なりますが、「ダイヤモンドサービス」メンバーになる方法を記した頁《ページ》（P35）でお確かめ下さい。

こんな場所があったんだと思わずため息をついてしまう、空港ビル最上階にある眺めのいいロケーション。思いきりゆったりくつろげるソファ。搭乗時間ギリギリまで仕事に追われるビジネスマンを効率よくサポートしてくれるデスクやカラープリンター。新聞、雑誌、アルコールを含む各種ドリンク。季節感のある食事。アメニティーが充実したシャワールーム、マッサージチェア。

一度、足を踏み入れてしまってからは、入室資格をキープしなければならないという呪縛《じゅばく》から、一生逃れられなくなってしまった私なのでした。

世界でもっとも阿呆《あほう》な旅

私は旅や探検家が嫌いだ。
それなのに、いま私はこうして
自分の探検旅行のことを
語ろうとしている。
だが、そう心を決めるまでに
どれだけ時間がかかったことか！
クロード・レヴィ＝ストロース『悲しき熱帯』川田順造訳（中央公論新社）

グーグルアースのおかげで、自宅のこたつの上でみかんを剝《む》きながら、地球のどんなところまでも上空から見下ろすことができるようになりました。

中学1年生の入学式当日、学校から支給されたばかりの社会科の地図帳を家に持ち帰って眺めてました。そして、突如目に飛び込んできた「エロマンガ島」なる文字列に、衝撃を受けました。

ニューカレドニアの北東、バヌアツ共和国の領海内にある小島です。正直なところ、この発見はすごくうれしくて、みんなに明日、朝一番で自慢したい衝動に駆られました。実際、翌朝そうしました。そんなクダラナイ記憶が鮮明に甦《よみがえ》ったのは、私が趣味で始めた「マン盆栽」を紹介したNHKの「熱中時間」という番組のイベント会場ででした。

私と同じように「エロマンガ島」で開眼し、「スケベニンゲン」でその第一歩を踏み出し、世界中のあらゆる珍地名を、実際に飛行機に乗って訪ねているという方の展示に出くわしたのです。私が初めてANAの「ダイヤモンドサービス」メンバー資格を取得した年で、純粋に飛行機に乗るという行為の意味、理論を考えはじめていた矢先でした。観光旅行は私にとって無意味でも、そんな阿呆な目的であるならばやってみる価値があるのかもしれないと……。

その前年、「ダイヤモンドサービス」メンバーになるため「羽田―沖縄」をタッチで頻繁に往復していた際、機材トラブルの影響で沖縄に3時間も滞在するハメになったことがありました。ラウンジで、オリオン生ビール3時間飲み放題という選択もあったのですが、せっかくのイレギュラー勃発《ぼっぱつ》なので、たまには違うことをしてみようかと思いたちました。

沖縄の観光ガイドブックなど持ち合わせているはずはありません。到着出口の壁の地図を眺めていると、いきなり「漫湖」という地名が目に飛び込んできました。丁寧に「Manko」という英語表記もあり、そこが紛れもなくマンコだということがわかりました。那覇空港から、ゆいレールで4駅目の壺川《つぼがわ》駅から歩いて行けそうな距離だったので、意を決して空港の外へ出ることにしました。その年、すでに沖縄へ18回訪れていましたが、空港の外へ出たのはこれがはじめてでした。漫湖は果たして美しいのか？ 有料なのか？ 匂《にお》うのか？ 空港の観光案内所の女性に、その辺を詳しく聞いてから行きたかったのですが、何人か順番を待っている人がいたのでヤメました。

実際に漫湖に辿《たど》り着くと、なんの変哲もないというか、単に長細いカタチをした、やはりちょっと臭い湖でした。過度な期待はするものでないということを悟り、飛行機に乗ることと漫湖を訪ねることは紐《ひも》づけるべきではないとの結論を自ら導き出しました。

飛行機で、海外の珍地名スポットを制覇するのは容易ではないことくらい想像がつきます。日本人のためにそこが観光地化されているはずなどなく、主要な空港から、あらゆる手段を駆使しないと辿り着かない秘境のような場所さえあります。秘境とまでは言わなくても、その地名が、かろうじてバスの停留所に表記されているだけというケースもあります。「エロマンガ島」の発見、「スケベニンゲン」への到達は、共に私のほうが10年早かったのですが、珍地名の旅の記録を既にまとめにかかっていた安居良基《あんきょよしもと》さんという先達《せんだつ》がおりましたので、大いに敬意を表しつつ、この道にのめり込むのは、ただひたすら飛行機に乗ること以上に危険、困難と判断するに至りました。

「ナンパ」「アホ」「マルデアホ」「ハゲ」「パンティ」「シリフケ」「オナラスカ」「チンボテ」「キンタマーニ」「チンポー湖」「ヤキマンコ」……。

並べてみれば、やはりいつかは訪れてみたくなるものです。

「コ」の章

空港から出てはいけない

観光旅行にきたわけでないのなら、到着空港の外には原則出てはいけません。空港から一歩出た瞬間、観光に行きたくなってしまうものです。そういう私とて例外ではありません。空港の到着ロビーを出ると、駅前まで行くバスやらタクシーやら電車やら地下鉄やら、誘惑が強すぎます。だからこそ、余計な時間を取らないように、着いたらすぐ戻ってくることが大切なのです。でも、どうしても30分、1時間、場合によってはそれ以上空港にいなければならない時は、腹をくくって空港の中を隅々まで探索してみます。たとえば、国内線ターミナルから国際線ターミナルへと無料連絡バスに乗って行ってみたり、観光案内所で、次回こそ「観光旅行」で来た際に役立つパンフレットを集めてみたりとか、普段できそうでできないことをやってみるのです。

空港には理容室とかマッサージなどの、買い物以外のサービスを提供する場所もあります。せっかく手ぶらで来たからには手ぶらで帰るべきです。我が身にかかる負担を少しでも軽減しつつ、上手に時間を使いたいものです。

さて、たいていの空港には、展望デッキがあります。そこは、親子連れだったり、望遠レンズを構えたマニアだったりがいる場所なのですが、平日の日中、ここで佇《たたず》む人というのは、送迎で来て飛行機に向かって手を振っている人以外、たんに休みなのか、無理やり休みを取得してきているのか、とにかくほとんど日本のGDPに貢献していない謎《なぞ》の人々の溜《た》まり場になっています。何気なくぼんやりしているのか、目的があってぼんやりしているのかどうかも不明です。ユルいといえばあまりにユルすぎます。そう言っている自分が中でも一番ユルいのは承知のことですが、展望デッキは居心地よ過ぎなパラダイスです。

中部国際空港セントレアの展望風呂《ぶろ》「風《フー》の湯」は、スバラシイです。大胆にも「駐機スポット」に面しており、全裸で飛行機の離発着風景が堪能《たんのう》できます。朝一番の8時00分オープンと同時の入館を是非おススメします。眩《まぶ》しい朝日の中を次々と飛び立って行く飛行機の姿を全裸で見送るのはまた格別です。カメラの持ち込みは禁止されていますから、しっかりアタマの中に焼き付けて帰りましょう。内湯には私の好きな電気風呂もあって、チクチクビリビリ気持ちいいです。タオル、バスタオル、シャンプー、コンディショナー、ボディソープ完備です。手ぶらでどうぞ。

鹿児島空港の玄関の軒先には、天然温泉の足湯「おやっとさぁ」があります。この足湯に浸《つ》かるためだけに、鹿児島へは20回以上飛んでいます。温泉は地下から直接くみ上げられていて、桜島や霧島をイメージした石の山からお湯が注がれます。屋根や梁《はり》、柱の木造部分は鹿児島県産材を使用していて、本当にここが空港の玄関なのか？と笑みがこぼれるほど本格的です。車椅子《くるまいす》の方がそのまま利用できるように、スロープと手すりも設置されています。飲食店のトイレだけではなく、こういった施設でのバリアフリー化はうれしいものです。タオルは案内所で売っています。無料の足湯だからこそ、羽田から往復共７８７に乗って、往復１万９５４０円（旅割45）で行かなければなりません。

みなさんに強制しているつもりはありません。自分に言い聞かせているだけです。

ＬＣＣのジェットスター・ジャパンなら往復で１万ちょっとと、もっと安いです。

プロペラ機で行こう

プロペラ機に乗るのがどんなに楽しいかって、搭乗する際、駐機場へ行くまで延々と連絡通路を歩かされたり（福岡空港）、シャトルバスで果てしなく端に連れていかれたり（伊丹空港、那覇空港）、保安検査場を通過したら目の前に停まっていてびっくりしたり（天草空港、三宅島空港）、ほぼ１００％ボーディングブリッジを経由して乗るということはありません。なぜかというと空港自体にボーディングブリッジがないから。あってもボーディングブリッジが飛行機に付きません。飛行機本体に階段が付いているからです。

ボーディングブリッジのガラス越しではなく、生で目の前で飛行機を見ることができる機会は、なかなか貴重です。バシャバシャ自由に写真が撮れるというのも、なんだか得した気分になります。しかし、飛行機のプロペラ付近、それに反対側などに行ってはいけません。あくまでも、搭乗するために設けられたロープが張られた範囲内での移動になります。

せっかくですから、カメラを構えた状態で、コックピットに向かって大きく手を振ってみて下さい。必ずキャプテンが手を振り返してくれます。その一瞬のチャンスを逃さないよう、シャッターを切りましょう。

もし隣に別の飛行機が停まっていたら、ついでに撮影してしまいましょう。撮影可能タイムは、最後の乗客と一緒に地上係員さんが、搭乗者名簿をぐるぐる巻きにして持って近づいてくるまでです。姿が見えたら撮影を終え、速やかに飛行機の階段を上がることが重要です。出発遅延原因の当事者になってはいけません。

さあ、機体に連なる階段を1段1段慎重に上がっていきましょう。階段部分は、思ったより華奢《きゃしゃ》です。私が1歩、足を掛けるだけで、飛行機全体が揺れてしまいます。飛行機はかくも軽かったのかと思い知らされます。

いよいよ機内に突入というときには、せわしなく機内へ入っていかないこと。いったん外を振り返ります。その眺めは、乗ってきたバスだったり、まわりに何もないただのエプロンだったり、空港ビルだったり、管制塔だったりするのですが、展望デッキには自分を見送る人がいなくても、おもいっきり右へ左へとオーバーアクションで手を振ります。ほんの5秒かそこらで結構。とにかく大きく手を振ることが肝心です。なんだかわからないのですが、たったそれだけでなぜか感極まります。勝手に目がウルウルしてきます。

目の前に、キャビンアテンダントさんがいるのですが、気持ちを察してくれているのか、「ご搭乗……ありがとう……ございます……」と、ゆっくり言葉をかけてくれます。乗り込むまでの、この儀式にも似た一連の動作が「これから飛行機に乗るゾー」という気持ちを否応《いやおう》なく駆り立ててくれます。空への憧《あこが》れ、男のマロンを感じる瞬間です。いえロマンです。

出発準備が整うと、先ほど上ってきた階段部分がそのまま持ち上がって、機体に収まります。扉の内側に階段が付いているという構造だからです。やがてエンジンが回転し始め、この機体の大きさにしてここまでかと思うほど、機内にまで結構な爆音が響きます。プロペラの推進力だけで、本当にこれだけの機体が飛ぶのだろうか？　不安になって当然です。子どもの頃、学校近くの模型店で買っていた、縦長の紙袋に入ったバルサ材製のゴム動力プロペラ機をいつも思い出します。滑走路の端まで自走した後、時計と反対回りで180度回転します。巨大な747−400ではなかなかできない芸当です。

地方都市間を結ぶローカル線などに多いプロペラ機ですが、羽田空港からもボンバルディアDHC8−Q300という56人乗りのかわいい飛行機が飛んでいます。誘導路で、前後を777や747に挟まれて離陸の順番待ちをしている光景などに遭遇すると、その大きさの違いに改めてびっくりします。

横3列―4列―3列などの大型ジェット機にばかり乗っていて、それがあたりまえと感じるようになってきたら、横2列―2列、横2列―1列、横1列―1列と、だんだん小さい飛行機にシフトしていくのもいいでしょう。なにがそうさせるかわかりませんが、窓からプロペラの回転を見ると、「♪エンジンの音、轟々《ごうごう》と～」といつも小さく唄ってしまいます。

調布飛行場から、伊豆の島々への定期航路で使用されている新中央航空の19人乗りのプロペラ機ドルニエは、1列目から7列目まで全席窓側であり、通路側でもあります。遠くからは、木の葉ぐらいの飛行機に見えますが、実際にそんな大きさのはずはありません。

えと袋

「ご気分のすぐれない方は、前の座席ポケットにある袋をご使用下さい」

困ったことに、袋を手にした瞬間、空気感染はあり得ないにしても、どんどん周りに〝すぐれなさ〟は連鎖していくものです。たいした揺れでもないフライトで、団体ツアーの中の一人がそれを使い出した途端、あれよあれよという間に、周りのほとんど全員が袋を口元にあてはじめる光景は壮観です。一種のパニックと言えます。旅慣れていない、というより飛行機に乗り慣れていない集団とは、できれば距離をおいて座りたいものです。ノロウイルスも恐《こわ》いですが、しょっぱい顔して、酸《す》っぱい香りを発するご婦人たちの集団の方が、私にとっては恐怖です。

揺れが強い便で、トイレが塞《ふさ》がりっぱなしになってしまうのも、さらなる恐怖です。トイレに入ったまま搭乗客が出てこないと、キャビンアテンダントさんが慌《あわ》て始めます。入りっぱなしのままだと、着陸することができなくなってしまうからです。過去に、乗客がトイレから出てこないため上空待機になった経験があります。電車のように、次の駅で停まるという訳にいきませんから、かなりの大問題に発展してしまうのです。

ANAの袋は、通称「エチケット袋」、一般的には「ゲロ袋」と呼ばれていますが、他のエアラインでは「えと袋」などと呼ばれていたりします。語源は、海上自衛隊で、ゲロのことを「えと」と呼んでいるからだそうです。海外のエアラインでは「ディスポーザルバッグ(disposal bag)」ですね。もう、書いているだけでどんどん気持ちが悪くなってきました、ごめんなさい。

でも、この袋、ゲロ吐かなくても利用価値が大です。飛行中、運よくゲロを吐かなかったら、いつも持って帰ることにしています。これほど防水性に優れた紙袋は他にありません。汁気の多いお弁当を入れるのに使ったり、濡《ぬ》れてはいけない重要な書類やお金を入れたり、使い途《みち》は様々。100円ショップでも売っていませんから、普段のフライトからコツコツとストックしておくことをおススメします。

行ってはいけない絶景ポイント

カリブ海に、セントマーチンという、フランスとオランダの2ヶ国で統治している特異な体制の島があるのですが、そこのプリンセス・ジュリアナ空港が、間近に飛行機が見られるというか、滑走路端ではジェットエンジンの爆風をもろにかぶれるというので、飛行機マニアのちょっとした聖地になっています。TV番組「世界の果てまでイッテQ！」でも、出川哲朗《てつろう》さんが、手に傘持って爆風体験をされていました。

実は、成田空港に、それにかなり近い場所があります。滑走路の端からわずか60メートルしか離れていない、どう考えてもありえない場所に神社が存在しているのです。

成田空港には、計画が発表されてから開港に至るまで、様々な苦難の歴史がありました。三里塚闘争の模様、土地の強制収用、管制塔の襲撃、開港延期などは、現在でも動画サイトで見ることができますが、未買収の土地も多数残っている現状で、世界一とも言われる警備予算を費やしながら機能させているのが同空港です。この神社に、ただ飛行機の離発着の様子を見に行ったり、飛行機の写真を撮りに行ったりすると、いろいろややこしいことになります。

「羽田―沖縄―成田―沖縄―羽田」。名付けて「沖縄M字開脚Wタッチ」を日々淡々とこなしていた頃、成田空港では2時間ラウンジに籠《こも》ってせっせと原稿書いたり、作曲したり、地上でも機内でも、真面目《まじめ》に仕事をしていました。ちょっと外の空気が吸いたくなって、空港周辺を散歩しようかと思い立つのですが、成田空港の周りの散歩は不可能です。ただ歩いているだけで、立派な不審者と認定されます。「失礼ですが、どちらまで?」と何度も声をかけられます。

東峰神社の存在を知ってしまってから、どういうアプローチで行くことができるのかが気にかかり、空港の観光案内所で聞いたところ、

「空港の施設ではないので、お答えいたしかねます」

とのこと。

地図で見る限り、完全に空港敷地内にあるようにしか見えないのですが、やはり相当デリケートな場所のようです。

前に停まっているタクシーの運転手さんに聞いたら、

「えっ、なにしに行くの? ちょっと会社に無線で確認すっから、待ってな」

言われたとおり待っていると、

「行ってから、どうやって帰ってくるの? クルマ、待ってた方がいいと思うよ」

「まぁ、とりあえず行ってみて下さい」

神社に近いT字交差点付近に、何の変哲もない白いセダンが1台停まっています。両側に白くて高いバリケードがそびえ、緩やかに左カーブしている道は、立山黒部アルペンルートの雪渓を行くようです。やがて祠《ほこら》が見えてきます。運転手さんが、「もう、後ろからね、やっぱりアソコのクルマがついてきているから……」。

先ほどの白いセダンが尾行を開始してきました。それも、かなりわかりやすく。

神社に着いたら、速攻お参りします。本当は、間近で離発着をする飛行機を見たいだけだったのに、ここに立つと異様な気分になります。

農民を締め上げ、土地を強制的に収用しようとした手法は、今の中国とあまり変わりありません。そんな成田闘争の記憶が甦《よみがえ》ってはくるものの、私は平和主義の公認サンタクロース。なのに、扱いは完全に不審者、テロリストも同然。厳戒監視体制の中、飛んで火にいる超リマークさんです。

そうこうしているうち、着陸寸前の777が頭上すれすれをかすめていきます。その後も次々と飛来する飛行機の土手っ腹を眺めては、改めてこの場所の異常さを認識させられます。塀の外側にいるはずなのですが、通ってきた道以外、360度全方向塀に囲まれているからです。白いセダンからはサングラス、マスク姿の4人が、こちらを熱心に監視中。

「お客さん、もう、そろそろ戻りませんか、メーターも回ったままだし」と運転手さん。

後ろ髪を引かれるような思いで、再びタクシーに乗り込みます。

「お客さんラッキーだよ。職務質問受けたり、免許証を照会されなかったもの。もう、ここまで来たら、大抵は公安へ通報されて、出身校、政治思想まで徹底的に調査されて、成田からの出入国はもちろん、一生不自由な生活を強いられることになるからね」

「えーっ、最初乗る時に、どうしてそんな大事なこと教えてくれなかったんですか！」

窓側原理主義

飛行機に乗るなら、絶対窓側だという人もいれば、気兼ねない通路側に限るという人もいます。よっぽどのモノ好きでなければ真ん中の席という人はいないと思うのですが、さらに最前列じゃなきゃ嫌だとチェックインカウンターでゴネまくるおじさん、後ろの非常口座席とかキャビンアテンダントさんと向かい合って座れる席を堂々とリクエストする私など、趣味嗜好《しこう》は人それぞれです。好天で富士山が見えそうな時は窓側、基本は通路側の私です。窓側のはずなのに窓がない席は、よく寝られるので好きです。トイレ近くの通路側は、いつでも隣が行列になってしまうので、基本的に選びません。

予約画面で周りに幼児が座る可能性が事前にわかるなど、最近の航空会社の座席指定画面はとても親切でわかりやすいです。隣が空いていることにこだわる人では、直前まで自動チェックイン機で悩み抜いた末に、搭乗してみると空いていたはずの隣に座られてしまって撃沈というケースもあります。以前、「なぜ俺の隣席をブロックしていないんだ」と怒り出した挙げ句、航空法違反で捕まった某社ダイヤモンド会員という痛過ぎる方の件がニュースになっていました。

全員の搭乗が済んでドアクローズになった途端、席を移動する光景はよく見受けられます。私には、中央の4席が空いていたので横に寝っ転がっていこうと思っていたら、向こう側の席から座られてしまったという経験があります。最近「この席は使用中です」というシールを向こう端の席に貼《は》って、他の乗客が移ってこないよう配慮してもらえたことがありましたが、それが上級会員向けのサービスなのかどうかは不明です。

時間にゆとりがあったり、荷物を預けて搭乗する際は、最後列の席を指定します。着陸後、そそくさと立って通路で待っている時間は無駄なものです。最後の1人というところでおもむろに立ち上がり、キャビンアテンダントさんと丁寧にお別れのご挨《あい》拶《さつ》をしてから降機したところで、まだ荷物なんて出てきてやしませんので。

非番のキャビンアテンダントさんたちが固まって乗っているのも最後列あたりです。ときに、最後列で、容疑者の搬送や受刑者の護送が行われていることがあります。ガタイのいい2人組に両脇《りょうわき》を固められた人。手元には上からブランケットがかぶせられています。ジロジロ見るのもなんなのですが、やはり目に入ってしまいます。というか釘《くぎ》付《づ》けになってしまうものです。出発・到着空港で、機体前方に黄色いクルマと、ワンボックスカーが停まっていたら間違いなくそういうことです。

予約画面であきらかに団体ツアーとわかるように四角く埋まっている表示がある場合、そのエリアは回避します。かなりの変態ぶりを発揮することになりますが、機体後方が修学旅行生で埋め尽くされているのに、その真ったただ中の空席をあえて指定してしまったことも。過去、何度か意図的ではなくそのようなパターンに陥ってしまいました。これほどの衝撃プレイは他にありません。

地方空港から羽田行きの飛行機で、修学旅行の一団と一緒になると、まず離陸前から大騒ぎで、添乗員も先生も点呼するのがやっとという感じです。いざ、機体が空に浮き上がった瞬間「うぉーーーっ！」とほぼ全員で奇声を発します。こちらとしては、なにがうぉーーーっ！　なんだよまったく、とココロの中でつぶやきつつも、若いってスバラシイ！　と思い直します。ベルト着用サインが消えると、みんな一斉にタイミングよくベルトを外す音が響き渡ります。ベルトを外せと命じられたわけではないのに、なんだか笑えてきてしまいます。

「騒がしくてごめんなさい」

と、降りる際に女子高生からキャンディーをもらいました。それは、飛行機の中で配られているものではなく、いかにも沖縄みやげという黒糖キャンディーでした。

反対向きに座り膝《ひざ》立てっぱなしで、着陸まで延々と後ろの席の友人と喋《しゃべ》っていたりする少年に出くわすと、青春を謳歌《おうか》しているんだなぁ！　と感動するか、「うるせーぞ、静かにしろ！」と怒鳴りたくなるか、どちらかの気持になると思います。

座席選びは、できるだけ慎重に、そして無難に決めたいものです。

特典航空券でファーストクラス

マイルを貯《た》めるという行為に、なんの価値も感じられず、そんなものをコツコツ貯めたところで、結局は交換期限切れになってしまうだろう。メリットはあってないようなものと思いこんでしまっていた私。特典航空券引き換えという概念も、正直それが得なのかどうかさえ、ほんの数年ほど前までは、理解できていませんでした。

陸《オカ》マイルといって、クレジットカードのショッピングだけでマイルを貯めて、香港に特典旅行券で行った人の話などは見聞きしていました。それにしたって、毎月、クレジットで何百万円も買物しまくるわけでもなし、現実感に乏しいと、耳を貸さなかったことが、後に大変悔やまれるのでした。

特典航空券でファーストクラスに乗ろうとする場合、往復でたったの12万マイルで乗れてしまうのです。マイルの交換時期を気にして、1マイル1円換算の楽天Ｅｄｙや、ＷＡＯＮのような電子マネーに換えてしまっている人は意外に多いと思います。しかし、ファーストクラスの特典航空券に交換した場合、1マイルは20円以上の価値になります。一生に1度くらいファーストクラスに乗ってみたいと考えている方は、まずは有効期限3年間で12万マイルを目指してみるとよいでしょう。

搭乗ごとに貯まるマイルの他に、クレジットカードでのショッピングで付与されるポイントもマイルに交換できます。「ANAカード」「JALカード」のような航空会社が発行するクレジットカードの方が圧倒的にマイルが貯まりやすいです。年会費は高額になりますが、ボーナスマイル付与率が高めのカードも誕生していますので、これを機に比較検討して切り替えるという手もあります。

ただ12万マイル貯まったからといって、いつでもどの区間でも自由にファーストクラスで往復できると早合点してはいけません。あらかじめ特典枠という座席数が便によって設定されており、ルール上は355日前から予約受付開始となっていますので、事前にしっかり予定を立て、早めの予約を心がけなくてはなりません。また空席待ちも、「ダイヤモンドサービス」メンバーを始めとする上級会員が最優先されていますので、一般のマイレージ会員の場合、なかなか回ってこないというのが実状です。

だからといって、まったく望みがないわけではありません。夏休みや連休を避け、他の人が乗らない時期を予測して特典予約画面をスクロールしていくと、意外にも空席が見つけられることもあります。根気よく、がんばらなければなりません。搭乗355日前から、すでに戦いが始まっているのです。

往路エコノミークラスで、復路はファーストクラスという予約も可能です。使用マイルはそれに応じて、少なくなります。

もしラッキーなことに、ファーストクラスに搭乗できることになったら、バレバレとわかっていても「私、ファーストクラスに乗るのが夢だったんです」と機内で開き直って、ベテランチーフパーサーの存分なサービスを受けられるとよいでしょう。

チーフパーサーは名女将《めいおかみ》

ファーストクラスのキャビン内では、心理戦が日夜行われています。瞬時の判断でさまざまな乗客のパターンに的確に対応しているベテランチーフパーサーさんの働きっぷりは、なんとも頼もしく、たくましいものです。言い換えると、その仕事ぶりを楽しめる余裕が搭乗客の側には必要になります。サービス業界最高峰のサービスをじっくりと堪能させて頂きましょう。

ファーストクラスの乗客の情報は、運航前のブリーフィングで、ビジネスクラスやエコノミークラスの搭乗客とは別格の扱いで、伝達されます。きっと、そうに違いありません。いくら普段からファーストクラスに乗り慣れているかのような立ち居振る舞いを装《よそお》ったところで、キャビンアテンダントさん全員に、あれもこれも知れ渡ってしまっているのですから、その点は心しておくべきでしょう。本名も、年齢、素性もすべてバレバレなのです。

私が普段着で搭乗したある日、

「ヤマモト様、今日は赤いお召しものではございませんですのね、うふふ……」

と声をかけられたことがありました。そのチーフパーサーさんとは初対面でしたが、これまでの搭乗記録が確実に**「申し送り」**されているようでした。そういえばその1ヶ月前、「成田―フランクフルト」では、公認サンタクロースの正装で搭乗していましたっけ。

「今日は赤い服じゃなくて、こんなフツーのおっさんで、ご期待に添えなくて申し訳ありませんでしたー」

「いえいえとんでもございません、素顔のサンタさんにお会いできてとってもうれしいですわ、おほほほ……」（ウインク付き）

これがファーストクラス担当の百戦錬磨のトーク術でしょう。

「何かありましたら、いつでもお声がけ下さいね。どうぞ、到着までごゆっくりおくつろぎ下さいませ」（ニコッ、ニコッ、ニコニコニコニコ……）

ギャレーに戻るまでの一連の動きは、一流旅館の名女将の身のこなしに近いです。

常連客ほどよく眠る

「あーー、僕になんにも構わなくていいからね、ハッハッハ」

搭乗するなり、こんな言葉をさらりと発するおじさんこそが、本当の意味での上顧客、ファーストクラスの常連なのかもしれません。

ファーストクラスには、ディスカウント運賃が存在しません。ネットでいくら調べたところで、早期購入によるビジネスクラスの割引運賃は表示されても、正規運賃の表示しか出てきません。ニューヨーク、ワシントンDCなどの北米線、パリ、ロンドン、フランクフルトなどの欧州線の運賃は、往復で250万円前後。それがあたりまえと思っている人しか乗らないわけです。ファーストクラス1往復分で、スーパーエコ割なら何往復出来て、何ポイント稼げるかといったことをすぐアタマに思い浮かべてしまう私は、既に乗る資格ナシ。1時間あたり軽く10万円を超える対価を払って受けるサービスとは一体どんなものなのか？　と推測してしまう時点で、少なくとも常連さんではありません。

ファーストクラスに座し、

「クリュッグは何本積んでいますか？」

「キャビアのおかわりできますか？」

などと尋ねる私。

周りの客が全員寝静まっていようとも、暗闇《くらやみ》の中、1席だけスポットライトを浴び続け、到着空港までひとときもシートをフラットにすることなく、直角のまま、ひたすら飲食し続ける姿はどう見てもやっぱり常連客ではありません。

ファーストクラス常連客の特徴は、搭乗前にあらかじめ、出発空港のファーストクラス専用のラウンジで食事を済ませていることです。機内に入ると同時に早々と寝間着に着替えます。カーディガンなど機内専用着の用意がありますが、乗り慣れている人は、普段自宅で使っている寝間着やパジャマを持参して搭乗します。パジャマと同じ柄の帽子まで被《かぶ》っていた方もいらっしゃいました。

離陸後、シートベルト着用サインが消えると同時に、キャビンアテンダントさんがベッドメイキングに来ます。その間に、常連さんは歯磨きをしに行きます。ちなみにお手洗いへ行く際は、ミネラルウォーターのボトルが手渡されます。ミネラルウォーターでガラガラするなんてなんと贅沢《ぜいたく》な、と思ってしまいがちですが、ここではそれが常識なのですから仕方ありません。トイレから戻ってくると同時に、温かいおしぼりを手渡されるのは、なんだか銀座、赤坂の高級クラブの作法っぽいです。

せっかくファーストクラスに乗ったのなら、世界に名だたる料理人がプロデュースした機内食や、高級なお酒、大画面でのエンタテインメントプログラムなど、お楽しみの数々を満喫してなんぼだと私たちは考えてしまいがちですが「機内でひたすら寝る」という賢者の選択には到底かないません。出発から約10時間、到着間際《まぎわ》に小皿に盛り付けられたフルーツと目覚めのコーヒーだけを頂いて、寝間着からまたスーツ、ネクタイ姿に着替え、機内を去っていくなんて、私には絶対真似《まね》できません。いや、決して真似しようなどと思いません。

それが贅沢な行為と言えるのか、もったいないと思うこと自体から間違っているのか、ファーストクラス慣れしているわけでない私にはまったく判断がつきません。

パスポートが必要な名古屋

自分ではわかってはいたつもりなのですが、せっかくのグリーン車だったわりに全然寝られないばかりか、妙な疲れがカラダに残ってしまい、つくづく新幹線とはウマが合わなくなってしまったものだと実感しています。

名古屋から東京行きののぞみ号に乗って、中央線快速の最終にも間に合って、荻窪に24時00分前に帰ってこられたのですが、翌朝大事な打ち合わせ前にコーヒーを淹《い》れて、さぁ飲んだら出発だと思ったところから記憶がなく寝落ちしてしまいました。グリーン席といっても、ただシートの背もたれがデカいだけで、携帯充電用の電源すら装備されていない700系は如何《いかが》なものかと。

名古屋の仕事先から新幹線の切符が送られてきた場合、迷わず払い戻しをします。名古屋でなくても、とにかく新幹線は一律払い戻し。私が決めたルールです。原則、特例、そういうのはありませんから。払い戻しが効かないチケットの場合は、チケットショップへ持ち込んで換金します。

今回も仕事先からグリーン車回数券が送られてきました。自由席券ならまだしも、グリーン車だったら、フツーそこで不満は抱かないでしょう。でも、ここ数年、名古屋へは飛行機でしか行ったことがありません。払い戻して、航空券を買い直しています。差額はもちろん自己負担です。

「成田—名古屋」。これ、よく使っていました。自宅から成田へ行って搭乗手続きしている間に、新幹線なら名古屋駅の改札を出て、タクシーでメ～テレ（名古屋テレビ）に到着しているでしょう。いずれにせよ、直行便というのは、いささかヒネリがなさすぎるというか、あまりマイルもたまりませんので、ここ最近、この路線の利用は減っています。

「羽田—沖縄—名古屋」。これが、一番のお気に入りルートです。仮に名古屋での仕事がハードであっても、行く前に南国の空気を一瞬吸いこむことで、脳が気持ちよく活性化されます。2便ともプレミアムクラスだと、とても楽です。復路、時間によっては、制限区域外にいったん出て、那覇空港内の「空港食堂」で「もずく餃子《ギョウザ》」を食べて帰ってくることもあります。

「羽田—沖縄—石垣—名古屋」。少しばかり体力が必要なルートです。朝9時25分の羽田発で出発、沖縄で30分、石垣では30分の乗り継ぎ時間で、最終的に名古屋へは16時35分到着という無駄のない美しいルートです。「沖縄—石垣—名古屋」は、プレミアムクラスの設定がない普通席だけの735-500での運航です。デブにはそれなりの覚悟が必要です。

「羽田—福岡—名古屋」。後半の「福岡—名古屋」は、シーズン中ですと、かなりの確率で野球選手が乗っています。もともと野球には興味がないのですが、若いキャビンアテンダントさんが、選手に猛攻している姿を見るのは楽しいです。時に、猛打賞を贈呈したいくらいのアプローチが観察できます。

「羽田—札幌—名古屋」。冬場は、賭《か》けです。遅延や欠航など、往路でこのルートを使うと仕事先に迷惑をかけてしまう場合がありますので、復路か、夏場がおススメです。

「羽田—女満別《めまんべつ》—名古屋」。名古屋から帰る際には便利です。女満別で2時間40分のランチタイム、または入浴タイムがとれます。女満別市内の美肌の湯はとくにおススメです。真冬に軽装で行くとタイヘンなことになりますが、それはそれで楽しいもの。

「女満別―名古屋」はエア・ドゥが運航しています。機内サービスの、オニオンスープは美味《おい》しいです。また機内販売のエア・ドゥグッズも、人気の商品は早々に売り切れてしまいますから、搭乗する際キャビンアテンダントさんにひと声かけておくとよいでしょう。

「羽田―伊丹―いわて花巻―名古屋（小牧）」。いったん名古屋の上空を通過しつつ、今度は出発地を飛び越え、日本の尾根伝いに北上、ラストに花巻からフジドリームエアラインズで、小牧空港へランディングするこのルートを使えば、マンネリムード漂うありきたりな出張が俄然《がぜん》楽しくなります。複数の会社から領収書が出ても大丈夫かどうか等、事前に会社の経理と相談してから予約した方が賢明です。普通ダメでしょうが。

「羽田―香港《ホンコン》―名古屋」。夜行便を利用することで、とくに疲労を感じず、翌日すぐに仕事のスタートが切れるおススメのフライトです。復路で、香港到着後24時間以内に羽田へ向かえばストップオーバー（途中降機）料金も発生することなく、飲茶《ヤムチャ》や海老《えび》ワンタン麺《めん》を楽しむことができます。名古屋からの帰り、私はなぜか毎回香港ディズニーランドへ寄ってしまいます。空港からは、香港ディズニーランドがあるランタオ島までタクシーなら15分程度。MTR（地下鉄）東涌《トンチョン》線からは、迪士尼《ディズニー》線に乗り換えが必要です。出国前に、香港の人気店「許留山《ホイラウサン》」のスイーツをどうぞ。マンゴーでもパパイアでも、好きなものを好きなだけお腹《なか》に入れましょう。香港国際空港の到着階にあります。

「羽田―フランクフルト―名古屋」。名古屋に行くのにこれほどアガるルートもないでしょう。787のビジネスクラスのスタッガードシートは、プライバシーを保ちつつフルフラットになりますから、ぐっすり休めます。早朝にフランクフルトに到着しますから、空港内のラウンジでシャワーでも浴びてゆっくりするとよいかと。ファーストクラスラウンジには、シャワーの他スパもあります。30分50ユーロのマッサージも、場合によってはありかも。スープ、メインを自由にオーダーできるダイニングが素敵です。

ラウンジからは、搭乗ゲートを通らずに、機体の側《そば》までベンツかポルシェで送迎してくれるサービスがあります。１人の場合は窓側、２人の場合は内側の席を選択するとよいでしょう。最近のファーストクラスは、パーソナルユースに振り過ぎて、カップルでの搭乗の場合、妙な距離感ができてしまいがち。その点、ルフトハンザ航空のファーストクラスは、よく考えられています。食事の際は、座席に薔薇《ばら》の生花が添えられます。念のため、食べられませんので。話題の新造機７８７の最新ビジネスクラスと、欧州系航空会社のファーストクラスで行く羽田発名古屋行き。パスポートが必要なのは言うまでもありません。

鉄抜け

人間の幸福といっても、価値は人それぞれですから、自分自身幸福だと思っていても、他人からみれば不幸に見えることだってあります。

「そんなに飛行機ばっかり乗ってて、骨が折れるねぇ」

などと法事の席で親戚《しんせき》にからかわれたりするというのがその典型なのですが、「大阪行くのに飛行機だなんて、荻窪からだったら、中央線の快速に乗って東京駅でのぞみに乗り換えた方がよっぽど早くて便利でしょ」

のように諭されるように言われてしまうと、同じ人間といえども多種多様なんだとあらためて感じるものです。

「マイルも貯《た》まらない、待合室はあってもグリーン車専用のラウンジもなければ、無料の生ビールサーバーすら存在しない。そんな乗り物で移動するなんて考えられません」などとつぶやいてしまう自分もどうかと思いますが、他人の価値観を無理やり押しつけたり、説教してくるような人は、すべからく私にとってはごめんなさいな人です。

直接の師匠というわけではありませんが、飛行機と反対車線の鉄道の道には2人の先達がいます。『阿房《あほう》列車』の内田百閒《うちだひゃっけん》先生と、『時刻表2万キロ』の宮脇俊三《みやわきしゅんぞう》先生です。内田百閒先生が、なんにも用事がなくても汽車には乗ってもいいんだよと、夏目漱石《そうせき》の門下生らしい格調高い文体で記されたおかげで、世の中に堂々と鉄道ファンが出現。さらに宮脇俊三先生の、国鉄全線乗り潰《つぶ》しが偉業として脚光を浴び、『最長片道切符の旅』『終着駅は始発駅』などが話題作となり、鉄道紀行文学というジャンルを築かれるに至り、鉄道ファンが子どもから大人まで爆発的に増殖していきました。

おふたりとも何の接点もないのですが、ちょっとうれしいのは、宮脇俊三先生のデビュー作『時刻表2万キロ』で、国鉄全路線完全乗車の最後の1線が、足尾線の「足尾─間藤《まとう》」間だったことです。現在、足尾線は、第三セクター「わたらせ渓谷鐵道《てつどう》」として運行されていますが、その開業当初の車両デザインを担当したのがこの私でした。せっかくの機会でしたので、車両前頭部のヘッドマーク、会社の社章、ロゴマーク、硬券の切符のデザインまで、すべてディレクションさせて頂きました。

高校時代、勉強そっちのけで鉄道研究部を設立。部長を務めあげた後、日本大学藝術学部美術学科（現デザイン学科）インダストリアルデザイン専攻に入学。卒業後は、富士重工業（現ＳＵＢＡＲＵ）デザインセンターに就職し、初代レガシィツーリングワゴンを振り出しにカーデザイナーの道を歩み始めました。航空機、バス、鉄道、果ては対戦車攻撃ヘリコプターまでライセンス生産している会社です。自動車以外、もしかしたら自衛隊の戦闘機をデザインできるチャンスが巡ってくるかもしれないと、迷うことなく第一志望で入社した会社でした。正直に言うと、そこしか受かりませんでした。

自動車のデザイン開発業務の傍らで、旧足尾線第三セクターのレールバスを、富士重工業が受注したという社内報に目が釘付けになったのは、昭和63年の夏。

翌日の朝礼で「通常業務に差し障《さわ》りがないように、勤務時間以外の時間を使って、それでもやりたい人がいれば立候補して下さい」というデザイン部長の話がありました。残業代は払わないけどやりたい人はお好きにどうぞ、という感じです。今、冷静に考えたら、ずいぶんとブラックな手法です。

でも、入社間もない頃で、早く自分の手垢《てあか》がついた作品を世に送り出したいと焦《あせ》る気持ちがありました。それに、あの『時刻表2万キロ』終着駅の「古い駅舎の黒く丸く手擦れた改札口の脇に『海抜六四〇米《メートル》』と書かれた板が下がっている」と、宮脇俊三先生が記されている足尾線終点の「間藤駅」は、鉄道ファンのあいだでは、すでに聖地化されていました。その足尾線が新たに生まれ変わるタイミングで、車両デザインができるなんて、鉄道ファン冥利《みょうり》に尽きます。

無報酬だろうがなんだろうが、喜んでやらせてもらおう。その日のうちに私はプロジェクトに立候補しました。デザイナーとしては、大ヒットした初代レガシィツーリングワゴンに関わったことよりも、ずっと崇高なことに感じ、しかもその満足感は格別というか、今でも自分の中で誇れる功績として輝き続けています。

当時、業績不振が続くスバルの起死回生のきっかけになったといわれる名車、初代レガシィツーリングワゴンですが、とっくのとうに道路から姿を消し、そのほとんどがスクラップにされてしまっています。一方、わたらせ渓谷鐵道の車両は、平成元年の開業から、今なお走り続けているのですからたいしたものです。廃車になった一部車両も、私がデザインした当時のままの姿に復元再塗装され、大間々《おおまま》駅前に保存展示されることが決まりました。

宮脇俊三先生は、こんな乗り方をして、本はベストセラーとなり、さらには行く先々がファンの聖地になるという現象まで起こされて、本当に羨《うらや》ましい人だ。それを超える偉業とはなんだ？　自分もいつか、あんなことをしてみたいゾ！

今思えば、空へとつながる道を模索し始めていた頃だったのです。

そして、同じ頃、私の中では、鉄道に対しての執拗《しつよう》なまでの愛着心、忠誠心が急速に薄まりつつありました。理由は、国鉄がＪＲへと変わって、これまであたりまえだった全国標準の塗装デザインが、メチャクチャになってしまったことです。

赤色とクリーム色といえば特急、朱色とベージュ色は急行と、見慣れてきた車両が次々に、見るも無惨《むざん》なストライプや、意味不明で下品極まりないカラーリングに塗り替えられていきました。カッコわるい、ダサいと感じるものを、無理に好きであり続けられるはずがありません。そんな鉄道に乗ったり、写真を撮ったりする時間が、もったいなく感じてきてしまったのです。

周遊券でのんびり汽車に揺られて旅する時間もなくなりました。社会人になった頃から、カーデザインの仕事以外の休日には、音楽にのめり込み、学生時代の仲間とマンボのビッグバンドを結成してライブ活動を行うようになっていました。つまり、鉄道趣味とは急速に距離をおくようになっていったのです。

一度ハマると、生涯抜け出せなくなると言われている恐ろしい鉄道趣味。世間では、鉄道ファンの呪縛《じゅばく》を自ら解くことは、困難を極めると言われています。そんななか、私は「鉄抜け」の第一歩を、そっと踏み出しました。

のりひこさん

鉄道が好きな人、クルマが好きな人、ヨットが好きな人、誰でも好きなものに好きなだけ乗ればいいのです。乗りたくない人は、べつに乗らなければいいだけ。ただし、人は歩いたり、走ったり、泳いだりできても、空を飛ぶことはできません。

私の場合、飛行機に乗って飛んでいるときこそが、最高に幸せな時間なのです。実に単純です。その幸せを長続きさせるためには、飛行機に乗り続けなければなりませんから、必然的に搭乗回数は増えます。幸福感を充足させるためにはお金もかかります。新造機の初便、初就航便、ビジネスクラス・ファーストクラスに乗りたいという病魔に襲われた場合、さらに資金を工面する必要が生じます。

そうまでして乗りまくりたいのか？　という疑問には、鉄道ファンには「乗り鉄」があるじゃないかと、一応主張しておきましょう。「乗り鉄」があるなら「乗り飛行機」があってもおかしくないじゃないかと。とか言いつつ、語感がしっくりこないことで、趣味の領域として定着しづらいのではないかとも同時に思ってしまいます。

鉄道ファンというのは、世間にうじゃうじゃ存在します。ひとたび「さよなら列車」などの運行があれば、どこからともなく湧《わ》いてきたカメラ小僧が、ホームを埋め尽くします。

ところが「丘珠《おかだま》（札幌）―女満別」ラストフライトに搭乗しても、私の他は用事があって搭乗している地元の方と、たまたま「そうだったの、今日が最後なの～、それは残念ね～」という旅行者に限られます。航空ファンが顔を合わすタイミングと言えば、初便、初就航便、初路線開設便、新機材デビューの際。なんとなく見知ったような皆さんが搭乗口前に集結するのですが、その数はせいぜい十数人というレベルなのです。

「鉄オタ」「テツ」「鉄子」という、鉄道ファンの呼称が定着しているのに対し、「航空ファン」「飛行機ファン」「飛行機マニア」という言葉は相当マイナーです。Ｔｗｉｔｔｅｒで、マイラーを含む、それらの領域の人たちを、なんと呼ぶべきか、「のりひこ」「くーこ」「空太郎《くうたろう》」ではどうか？　と問いかけてみたことがありましたが、まわりの食いつきはあまりよくありませんでした。

最近、飛行機の写真を撮る女性のことを、無理やり「空美《そらみ》ちゃん」とか呼ぶキャンペーンみたいなイベントが各地で行われていますが、どうして「空見ちゃん」じゃないのか、少しだけ疑問です。

鉄道ファンでいうところの「撮り鉄」が、ほとんど鉄道には乗らない、鉄道会社からするとまあまあ迷惑な存在であるのに対し、「空美ちゃん」は、乗る回数は少なめでも、撮影ポイントまでの移動も飛行機ですし、なんだかんだと航空会社にお金を落とす存在です。航空会社は、人気カメラマンを招聘《しょうへい》して、飛行機萌《も》ぇ〜の空美ちゃんを対象とした「撮影セミナー」などを行ったりしており、彼女たちを積極的に取り込もうという魂胆があるようです。いいことです。

飛行機に乗るだけという趣味は、それだけで成立し難いものなのでしょうか。単にゴロ、語感が悪いという理由だけなのでしょうか。この際「のりひこさん」「空男くん」でいいじゃないですか。他にいい呼び方が閃《ひらめ》いたら、今度機内で教えて下さい。

天草一機

天草と聞いて、真っ先に何を思い浮かべるでしょう。天草四郎と天草島原の乱、天草引越センター……うーん、この先がなかなか出てきません。だいたい天草が、熊本県だということさえちゃんと知られているかどうか怪しいです。長崎県と答える人が結構いるようです、佐賀県と言った人もいます、それはあんまりだと思いますが。

２０１３年、初めて天草を訪れました。東京から天草へ行くルートは、東京から名古屋へフランクフルト経由で行くよりも複雑で、まず最初にどうアプローチしていいか悩みます。

天草にはちゃんとした空港があります。熊本、福岡、伊丹（熊本経由）から、同地行きの飛行機が飛んでいます。ＡＮＡでも、ＪＡＬでもない、天草エアラインという航空会社が所有する39人乗りのボンバルディア製プロペラ機、１機で運航しているのです。チャーター便ならわかりますが、旅客機1機だけで、定期航空運送を行っている会社というのは、世界的にみても珍しいです。たった1機で運航しているにもかかわらず、運航開始から13年の２０１３年で、搭乗者１００万人を達成しています。

２０１２年、「小山薫堂《こやまくんどう》 東京会議」というテレビ番組内で、天草エアライン機体塗り替えプロジェクトが発足し、誰か手伝ってくれそうな人はいないかな？という流れの中、出演者のホフディランの小宮山雄飛《こみやまゆうひ》さんの思いつきで、私に電話がかかってきました。電話を受けたのは、博多の餃子《ギョウザ》屋さんで、ちょうどトイレの中でした。ＡＮＡが発行している会員誌『ＡＺＵＲＥ』の特集企画、出張先のおススメ餃子店を取材中のことでした。

「わかりましたー、やりましょー」と、トイレの水を流しながら軽々しく答えました。

運航開始以来12年間も機体を塗り替えていない飛行機というのは例がないらしく、小山薫堂さんから早急に打ち合わせをしたいとのオファーがありました。自動車、鉄道と乗り物のデザインに深く関わってきましたが、ついに飛行機です。しかも１機しか保有していない航空会社の機材というのです。わたらせ渓谷鐵道以来の超ウキウキプロジェクトとなりました。

葉加瀬太郎《はかせたろう》さんの例の曲と松任谷正隆《まつとうやまさたか》さんの曲

ＡＮＡ機が離着陸する際、機内で流れる例の曲は、つくづく名曲だと思います。一応、私、本業はミュージシャンですから、そこいらへんの感覚は、鈍くありません。って自分で言うのもなんなのですが、弦の調べには昂《たかぶ》る感情の鎮静効果があり、着陸後の安心感を増幅させる効果も高いでしょう。主旋律のダイナミズムも、航空会社のテーマ音楽に実にふさわしいものです。

産経《さんけい》新聞で、ロンドン在住のその作曲・演奏者が執筆しているコラムを機内で読んだあと、メロディーを聴くと、さらにいい。実にいい。思慮深い愛国者の冴《さ》える筆と、滑らかな弓使い。爆発した頭髪と、暑苦しいビジュアルさえ頭の中にフラッシュバックしなければ、何十回リフレインしても平気です。10年以上、毎日飛行機の中で繰り返しているというのに、まったく飽きのこないメロディーというのが凄《すご》いです。

会長、社長が交代しても、この「アナザ・スカイ」のプレイだけは、いつまでも存続させてほしいものです。ご本人とお仕事をご一緒させて頂いたことは残念ながらありませんが、お台場の蠟《ろう》人形館ではよくお見受けして、子どもと一緒に、勝手にツーショット写真を撮らせて頂いたりしております。

熊本県の天草を拠点に、ボンバルディアDHC－8たった1機で定期航空事業を展開する天草エアラインが、営業開始12年目ではじめて機体を塗り替えることになったときのこと。プロジェクトの立案者である小山薫堂さんが、音楽家の松任谷正隆さんを蔓餃苑《まんぎょえん》に招待しました。

蔓餃苑とは、東京・荻窪にある会員制高級餃子レストランのことです。私、あくまでも本業はミュージシャンなのですが、たまに餃子を包んだり焼いたりしています。松任谷正隆さんと、ご一緒にいらした写真家のハービー・山口さんには、特別にすべて天草産で揃《そろ》えた具材で餃子をつくり、会話の端々になるべく自然に飛行機関連の単語をちりばめようと、小山さんと共に画策しました。

普段あまり外食されないという松任谷さんが「美味しい」を連発された頃合いを見計らって「天草エアラインのテーマ音楽をつくって下さい、お願いします」と切り出しました。パラダイス山元の蔓餃苑・餃子フルコースで、航空会社のテーマ音楽1曲まるまる、ベテランミュージシャンにつくらせてしまうという荒技っぷり。

テーマ音楽のイメージを膨らませるため天草を訪れた松任谷さんは、キリスト教と同時に天草に伝来したパイプオルガンを地元の音楽家と演奏したり、名物のイルカウオッチングや漁村のおばちゃんとのふれあいを楽しまれ、東京へ帰ると、いよいよ作曲に着手されました。

新曲の発表は、新塗装のお披露目初日、新親子イルカ号デビューの日です。熊本空港のプレミアムフライトの搭乗口前には、おなじみのくまモンが、天草エアラインのキャビンアテンダントさんが首に巻いているのと同じスカーフ姿で登場。お祝いムードでいっぱいのなか、松任谷正隆さん作曲、天草エアラインイメージ曲「ザ・ドルフィンズ・イン・ザ・サン」がついに流れてきました。奥さまを匂《にお》わせる独特のコーラスではじまるこのメロディーは、天草エアラインの機内と、天草空港でしか聴けません。そのメロディーを聴くためにも、ぜひ親子イルカ号に乗って頂きたいものです。

もしつくり笑顔だったとしても、これほどスマイルが素敵なキャビンアテンダントさんには会ったことがありません。39人乗りの飛行機には常に、1名しか乗務していません。会社全体でも5人しかおりません。ええ、先ほどから話題にしている天草エアラインの話です。彼女たちは座席ポケットの手づくり機内誌に顔写真つきフルネームで登場。「アンケートで、ミニスカート履いてとかリクエストされても無理ですから～」などと先制パンチも忘れません。地元の、お嫁さんにしたいNo.1～No.5候補。

特等席は、7Eと8E

ボンバルディア機共通の特徴として、右側最前列の2席のみが、進行方向に向かって真後ろを向いています。つまりは、急行列車のように4人向かい合って座れる座席が存在するのです。左側のドア開閉部に、乗客の方を向くキャビンアテンダントさんと同じ視線で座れます。この席、Gのかかり具合含め、意外に楽しめます。

極めつきなのが、「本日も、天草エアラインにご搭乗下さいまして、誠にありがとうございます」と、キャビンアテンダントさんがアタマを下げると、乗客全員それに呼応して、深々とお辞儀をするところ。すぐにでも「ナニコレ珍百景」に投稿したくなる、日本に残しておきたい風景のひとつです。天草の人たちは、皆さん素朴で、やさしい方ばかりなんです。

「伊丹―熊本」では、季節によってはデコポンのサービスがあります。配り始められた瞬間から、機内がみるみる柑橘《かんきつ》系の香りに包まれます。これはなかなか他のエアラインにはないサービスです。瀬戸内海上空の低い高度を飛んでいるので、海岸線や、島々、本州四国連絡橋などを、遊覧飛行さながらに楽しむことができます。「天草―熊本」、「天草―福岡」では、さらに低い高度で飛ぶので、晴れているとたわわに実ったみかん畑などもはっきり確認することができます。カメラはいっときも手離せませんん。

サプライズがさらにもうひとつ。胴体と主翼のエンジン部分にかわいい親子のイルカがデザインされた機体の、あるところに、今やヨーロッパにも進出を果たした、あの大人気キャラクターが隠れています。それは右側後方の窓側でしか見ることができません。しかも離着陸時、それぞれたったの5秒間だけ。「写ルンです」をぜひご持参下さい。

プレミアムな搭乗人物

たかだか1時間かそこらの国内線で、わざわざ追加料金を8000円も払って普通席からプレミアムクラスにアップグレードする意味とはなにか。普通席では出てこない新聞や、お弁当、スパークリングワイン、ビールのサービスに期待するのは当然としても、なによりその空間を埋める特異な顔ぶれに遭遇、自分もその一員として、プレミアムな時間を共有できる点にあります。

日本は、アメリカのようにプライベートジェットが普及していません。どこぞの大企業の会長さんであっても、アカデミー賞にノミネートされるような映画俳優さんであっても、一般人と同じ飛行機に乗って移動するのがあたりまえ。国内便には多少なりともプライバシーが保たれるような個室空間の設定がありませんから、なんとなく乗り降りしやすく、多少なりともゆっくりできる前方のプレミアムクラスを指定する以外、他に手だてがありません。新幹線のグリーン車でも同じことが言えますが、空間が圧倒的に狭い飛行機の場合、良くも悪しくも、非日常な人種と隣り合わせになる確率が増すものです。

しょっちゅう乗り合わせるのは国会議員さん。出発の際、一般の搭乗口を通らずに、VIP玄関から、専用車をボーディングブリッジの根元あたりに横付けし、係員やSPと一緒に出発間際《まぎわ》にスルッと乗り込みます。到着後もスルスルッと降りていなくなってしまいます。

大臣クラスになると前後左右をSPが固めていますが、それでも機種によっては私の真後ろに座っていたりする場合があります。最前列1Aを指定したあとに、搭乗口で地上係員から、

「大変申し訳ありませんが、お席をご移動しては頂けませんでしょうか」

と言われた場合、これは誰か大物が乗ってくるに違いない、と身構えます。そういうケースでは、総理大臣経験者だったり、党首クラスだったり、毎日ニュースで見聞きしている、錚々《そうそう》たる人物であることが多いものです。

過去に、10回同じ飛行機、うち2回も隣に座った九州選出の国会議員がおりました。何度遭遇したところで、こちらのことなんぞ覚えているわけもなく、毎回会うたびに、同じ名刺を差し出され、丁寧なご挨拶《あいさつ》プレイが始まります。名刺を配るのも彼らの大切な仕事なのです。

現職の女性大臣から名刺を渡された際は、こちらも調子に乗って「サンタクロー

ス」と書かれた名刺を返したところ、そのあとTwitterで「機内でサンタさんにお会いしました！ メリークリスマス」とつぶやかれました。議員さんは、ほんとにマメですね。

稚内タッチを行なった際、復路で隣り合わせた北海道選出のベテラン国会議員が、「ボクなんか稚内には24時間しか滞在していないんだよ～、忙しくてさ～」と、こちらから聞きもしないのに一方的に捲《まく》し立てるので、「私は45分しか滞在していませんでしたけど……」と返すと、「えっ、なに、どうして、なんで45分？ これに乗ってきたのに、また乗るってどういうことよ？ えっ？？？」と、羽田まで延々とツッコまれ続けたこともありました。「路線存続、搭乗率を上げるため個人として協力させて頂いております」と、答えました。

プレミアムクラスには芸能人、スポーツ選手もよく乗っています。

ベテランのお笑い芸人さんで「羽田―関空」の最終便でよくお見かけする方がおります。本人は静かに話しているつもりでも、よく通るダミ声で、

「あ゙ー、コーヒーには砂糖なしの、ミルクツーでぇー」

なんばグランド花月、最前列の特等席で鑑賞しているかのような状況です。

ラジオ「大沢悠里のゆうゆうワイド」で、何度もお仕事をご一緒させて頂いたこと

のあった毒蝮三太夫《どくまむしさんだゆう》さんは、乗り合わせるたび、

「おーーーっ、パラダイス山田くん、久しぶりー」

降りる際には、

「パラダイス佐藤くん、また今度なー」

と言って、自分の似顔絵を刺繡《ししゅう》したハンカチをマネージャーから私に渡させてお帰りになられます。

着ているスーツの生地、襟元《えりもと》に輝く社章、白髪で、この方はあの会社の会長さんだなとわかる方だったり、私が地方へ滞在する際、他に選択肢がない場合に限ってのみ利用するホテルチェーンの帽子がたいへんお似合いの女性社長や、五輪で銀メダルを獲得したアスリートの方だったり。軽く会釈《えしゃく》をしたくらいで、到着まで楽しいお話を延々と聞かせてくれる人もいますし、テレビで見るイメージとは随分違うなぁという印象の方もいます。

皆さんお仕事でお疲れなのですから、プライベートには踏み込まず、到着までゆっくりお休みになれるよう、たとえ隣席になったとしても十分に配慮したいものです。

THE ALFEEの坂崎幸之助《こうのすけ》さんは、こちらが気付かずに爆睡していたところ、「パラダイスさん、きょうは何しに行くの？」と、わざわざ反対側の窓側からご挨拶にみ

えて、降機する際に写メまで一緒に撮って頂きました。まったくうれし過ぎます。

「一」の章

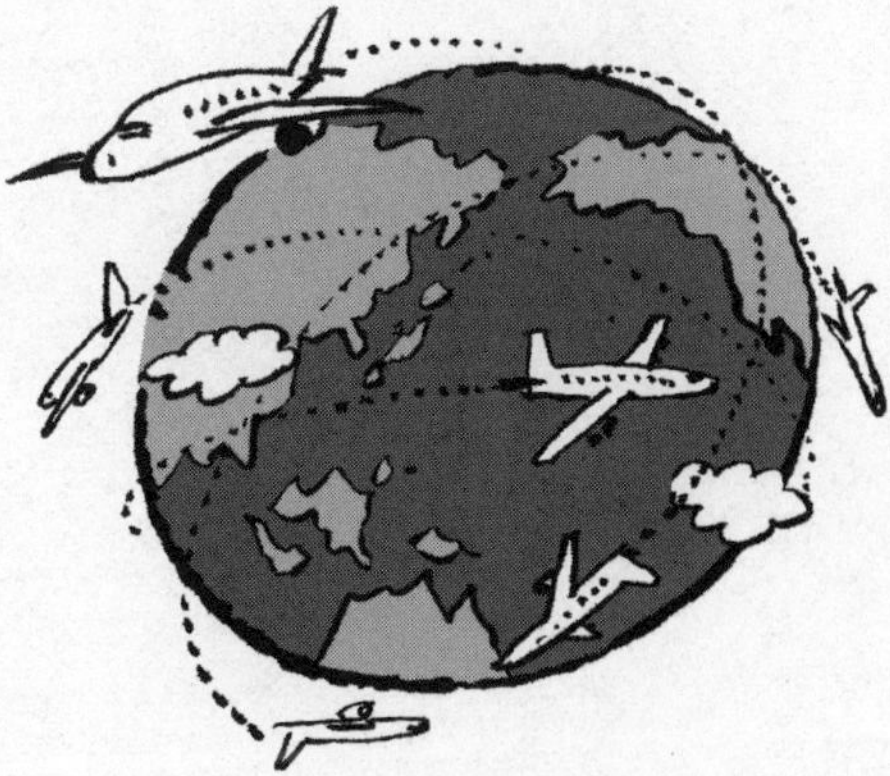

ミュンヘンで「ちょっとだけよ、
アンタも好きねぇ〜」

飛行機に無事乗れたものの到着空港でまさかと思う出来事が。そんな事態に陥っても、それも含めてアトラクションだと楽しむ余裕が生まれるまでに、搭乗回数と経験を積まなければいけません。「世界サンタクロース会議」出席のため、ANA「成田―ミュンヘン」線に乗り、SAS「ミュンヘン―コペンハーゲン」に乗り継ごうとしていた公認サンタクロース日本代表が、サンタクロースの衣裳《いしょう》でミュンヘン空港に降り立ち、いったんシャワーを浴びて汗を流そうと、スターアライアンスグループのルフトハンザ航空セネターラウンジへ向かって歩いていたそのときでした。

「エンウェニッヒワーテン！」

たぶん、ドイツ語で「ちょっと待て」とかなんとか言っていたのだと思うのですが、背後から屈強な男にいきなり腕を摑《つか》まれたのです。

「オーマイガッ、アイウォンチューゴートゥーラウンジ！」と叫んでも聞き入れてもらえません。税関検査場と壁一枚隔てた部屋には、私の他にも何名か、それにしてもいかにもな風体の若者が、係官から指先に試薬を塗られたあと、「オゥー、ユー、コッカイン、ポッシビリティー」とか言われて、いきなり後ろ手に手錠をかけられたりしているのを見て、「潜入！ 警視庁24時」の生現場にいるみたいな気持になり、少しだけワクワクしてきました。

後に入ってきた若いカップルが持っていたコロコロがついたキャリーバッグが、いきなりカッターナイフで裂かれ、中から大小様々な貝殻が出てきました。さすがに貝殻だけでここまではこないだろうと思ったら、案の定、大きな巻き貝の殻の中から小さいビニール袋がいくつも出てきました。厳重な検査を受けるのか、彼らはさらなる別室へと消えていきました。

真っ赤な衣裳だけれど中身は潔白な公認サンタクロースには、一切やましいことなどありませんので、すました顔で堂々としていました。持っていたプレゼント袋の中身をドバーッとアルミの検査台にぶちまけられたときは、さすがにキレそうになり「もっと丁寧に扱えよ！」と怒鳴ってやろうかと一瞬思いましたが、ここでことを荒立てて、無実の罪を着せられたりしてはたまったものじゃないと、じっと堪《こら》えていました。持ち物を1点1点、細かく調べられていきます。別の係官は、私のパスポート、航空券を見ながら、どこかに照会しているようでした。

「ホワイ　ドゥー　ユー　ウエアリング　ザ　サンタ　コスチューム？」

ようやく英語で質問されましたので「明日から、コペンハーゲンで世界サンタクロース会議が開かれ、それに日本代表として出席する。公認サンタクロース歴はもう16年になるよ。会議場までは自宅からサンタクロースの衣裳で向かわなければならないという決まりがあるから、この格好なんだ。世界サンタクロース会議があることは、あなたもニュースとか見て知っているだろう？」と説明したつもりだったのですが、「ドゥ　ビス　エン　ルーナー！」と急に怒りをあらわにしました。「この嘘《うそ》つき野郎！」みたいな意味でしょう。

たしかに、私の航空券は特殊極まりないものでした。往路は「成田―ミュンヘン―コペンハーゲン」の2区間でしたが、帰りは「コペンハーゲン―オスロ―ヘルシンキ―ストックホルム―パリ―ウィーン―フランクフルト―カイロ―イスタンブール―ムンバイ―成田」の10区間を途中ストップオーバーなしの0泊で帰るというプランでした。国際特典航空券のルール上限まで区間をとったのは、目一杯ビジネスクラスで機内食を楽しんでこようという魂胆からでした。さらに、綿密に計画された犯行と誤解を受けてもしょうがない搭乗330日前の発売開始日に発券しています。

そんな私の趣味、娯楽は、係官から理解されるはずもなく、「なぜオマエは、イスタンブールやムンバイに降り立つんだ、オマエはサンタなんかじゃなくて運び屋だろう！　正直に言え！」みたいな感じのことをまくし立てられます。

「カモン　カム　オフ」さっきの貝殻のカップルが、さらなる別室から出てきた後、サンタクロースの衣裳で立ち尽くす私に係官は命令しました。まさかとは思いましたが、赤い帽子をとり、眼鏡を外し、赤い上着を脱いでTシャツ一枚とパンツ一枚になりました。この程度ならと思っていたのですが、スキンヘッドの大柄な係官は、金属製の警棒を振り回しながら、「カム　オフッ！」と、モジモジしている私を怒鳴りつけます。この時初めて、自分がマジで、本格的に疑われているんだ、なんか隠し持っていると思われているんだと、ようやく理解しました。

覚悟を決め、パンツも脱いで全裸になりました。頬には、サンタクロースの身だしなみとして、ちょっとチークでお化粧しているので、ポッと恥ずかしがり屋のおデブさんみたいな感じで台に立たされています。そのまま石膏型《せっこうがた》を取ってブロンズ像にでもしてもらいたい心境です。その先の話も……あるのですが割愛させて頂きます。

ミュンヘンまで来て「ちょっとだけよ、アンタも好きねぇ〜」をやらされるとは思いませんでした。翌年からのコペンハーゲン行きは、スカンジナビア航空の直行便か、ミュンヘン以外の空港を経由して行くようになったのは言うまでもありません。

ボーイング929

毎日羽田から大分へ飛んでいた時期がありました。私としては珍しく、その理由は飛行機に乗るためだけではなくて、飛行機と同レベル、もしくはそれ以上にアガる乗り物の虜《とりこ》になってしまっていたからです。自動車、飛行機、トナカイのそりと、乗り物ならなんでも好きな私ですが、そのいずれのカテゴリーにも属しているかどうか不明なホーバークラフトにハマってしまいました。

大分空港と大分市内の間の別府湾を、巨大プロペラを回転させ、風力によって最高時速90㎞で疾走する水陸両用艇。プロペラ旅客機以上のエンジン音と風切り音と独特の浮遊感。爆音を轟《とどろ》かせながら、陸上から海上、海上から陸上へと突進する姿や、陸上での蛇行S字走行を目《ま》の当《あ》たりにする。これ程男のマロンを掻《か》き立てられる乗り物はないと思います。あっ、ロマンです。

それが大変残念なことに、高速バスに利用客を奪われ、運航は2009年10月末で終了してしまいました。今後、ホーバークラフトに乗るなら、アメリカ海軍か、海上自衛隊に入隊しなければなりません。うーん、私にとっては無理過ぎます。

ホーバークラフト便なき後、唯一《ゆいいつ》魅力を感じているのは、ボーイング929です。

旅客機ではありません、水中翼船、ジェットフォイルです。航空機メーカーであるボーイング社が、その技術を水上に対して適用したのです。

停止時および低速では通常の船と同様、船体の浮力で浮いて航行し、速度が上昇していくうちに水中翼に揚力が発生し、次第に船体が浮上し、最終的には完全に浮き上がって翼だけで航行する「翼走」状態になります。ガスタービンを動力としたウォータージェット推進で、時速は83km／hにもなります。翼走状態では、水面の波の影響を受けにくく、乗り心地はホーバークラフト以上です。

「博多―釜山《プサン》」をはじめ、国内では「東京（竹芝）―久里浜／館山／熱海／伊東／稲取／伊豆大島―利島《としま》―新島―式根島―神津島《こうづしま》」「新潟―両津」「博多―壱岐《いき》―対馬《つしま》」「長崎―中通島《なかどおりじま》―福江島」「鹿児島―指宿《いぶすき》―種子島《たねがしま》―屋久島」を高速航行中です。伊豆大島へ行くのにANAを使うべきか、新中央航空、東海汽船のジェットフォイルに乗るべきか、私はいつも迷ってしまいます。

謎《なぞ》多き優先搭乗

行動派のシニアを対象にしたJRグループの「大人の休日倶楽部《クラブ》ジパング」が近年人気と聞きます。たしかに私の住まいの近くのJR荻窪駅にはたくさんのポスターが貼《は》られていて、改札口付近には、吉永小百合《よしながさゆり》さんが表紙のパンフレットがこれでもかというほど並べられています。

モバイル広告ではほとんど効果が得られない、大きめのフォントの紙媒体じゃないと申し込めない、ネット予約とかやったこともない、パンフレットを家でじっくり眺めて電話をかけて申し込むのが大好きな世代がターゲットなのでしょう。

夫婦揃ってグリーン車に割引で乗れるサービスをいつかは受けたいものだと、鉄道ファンとしてモーター全開だった高校生あたりから、なんとなくそんなシルバーライフをアタマに思い浮かべていたのは事実です。対象年齢にはほど遠い、未来の話、他人事《ひとごと》だとばっかり思っていましたが、あれよあれよという間の、まさかの50歳代突入に、正直うろたえているところです。

夫婦共々、ジパング倶楽部に入会したくて早く歳《とし》をとりたい、なんて冗談でも言っていられなくなりました。アンチエイジングを最優先で考えるに至っては、180度の方針転換です。私同様、それなりに楽しみにしていたはずなのに、いざ実際に対象年齢に近づいてくると、猛プレッシャーに感じるという方、結構多いと思いますね。そんな私ですが、ジパング倶楽部カードより、有益なカードを発見してしまいました。

飛行機に乗る際、かねてより気になっていた優先搭乗という制度。

「3歳以下のお子様をお連れのお客様、ご高齢の方、妊娠中の方など、お手伝いを必要とされるお客様の中で優先搭乗をご希望される方は、搭乗口までお越し下さい」

そのアナウンスの意味は理解できます。乳幼児連れの人や高齢者が、どっと押し寄せる一般客と一緒に狭いボーディングブリッジを渡って搭乗するのはたしかに危険だからです。

でも、その直後に流れる、「続きまして、ANA『ダイヤモンドサービス』メンバー、『プラチナサービス』メンバー、スーパーフライヤーズメンバー、スターアライアンスゴールドメンバーの皆さまの優先搭乗を開始いたします」というアナウンスに、毎度のことながら妙な違和感を感じていました。飛び立つ時間が同じで、同じタイミングで着陸するというのに、しかも座席はあらかじめ指定されているというのに、何をそんなに急いで乗りこむ必要があるのでしょう。疑問に思いつつも、いったいどうしたらそのサービスを受けることができるのかと考えるようになったのが、今から6年前の2007年のことでした。

「羽田―伊丹」。プレミアムクラスが21席しかない777の便で、優先搭乗が始まった途端、100人以上のビジネスマンが搭乗口に殺到する光景は、なかなか微笑《ほほえ》ましいものです。そのほとんどがプレミアムクラスの乗客ではないにもかかわらず、スタスタと搭乗口前の群れから抜け出し、少し反り気味に早歩きしだします。まるで、「ダイヤモンドサービス」メンバーであることを誇示するかのように……。出張が多く、会社の経費で「ダイヤモンドサービス」メンバーになった方々のことは、家畜に準《なぞら》えて「社畜《しゃちく》」と呼ばれています。「ダイヤモンドサービス」メンバーどうしの会話で「いやー、私なんて山元さんと違ってただの社畜ですから」などと、ステイタス取得のプロセスを説明するときに、よく出てくる言葉です。会社の経費で上級会員を維持し続けているという自慢にならない自慢をしつつ、会社に忠誠を尽くしているサラリーマンであるということを自嘲《じちょう》気味に語り、相手とバランスを取ろうという意味合いがあります。

新幹線で「東京―新大阪」を仕事で頻繁に往復していた友人を、「往《い》きに青汁、帰りは生ビール飲み放題のラウンジが使えるよ」と勧誘したところ、ほんの半年でダイヤモンドに解脱《げだつ》。さらに部下へも勧誘しまくり千代子になり、会社内で「マイルの達人」とか言われるまでになったのは山元さんのおかげだと、ダイヤモンドサービスの特典で送られてくる機内販売クーポンを毎年私に転送してくれる奇特な方に育ちました。

機外持ち出し厳禁　安全のしおり

サンフランシスコ国際空港で起きたアシアナ航空の着陸失敗事故では、避難時にルールを無視して、多くの乗客が、荷物を抱えて避難しました。

座席前ポケットに入っている「安全のしおり」に目を通すようにと、離陸前キャビンアテンダントさんから必ずアナウンスがありますが、それをすぐに実行する人はあまり見かけたことがありません。なんか、初めて飛行機に乗った人に見られるようで恥ずかしいとか、どうでもいい理由だと思うのですが、これにきちんと目を通させる航空会社側の努力、アイデアが足りていないとも言えます。機内で流れる「非常用設備のご案内」ビデオですら見ていない人が多過ぎます。

ロシアのS7航空（シベリア航空）や、台湾のエバー航空のアニメーションは、コミカルな登場キャラクターと笑えるシチュエーションで、間違いなく最後まで搭乗客を釘付け《くぎづ》にしています。

アメリカ連邦航空局（FAA）の安全基準では、航空機を製造する際「全非常口の半分以下を使って全乗員と全乗客が、90秒以内に脱出できる構造にする」とされています。この「90秒ルール」は、航空業界では常識で、航空会社の脱出訓練などもこのルールに従い行われています。言い換えると、ほんの少しの出火であっても、90秒で機体全体に火が回ってしまう可能性があることになります。事実、アシアナ航空の777機は、避難中から燃え始め、数分後にはもくもくと黒煙を上げて炎上しました。「90秒ルール」という言葉は使っていませんが、搭乗客に対して、脱出の際は手荷物を持ち出さないようにと、ビデオではさらりと触れています。上から手荷物を取り出す際に通路が渋滞したり、その手荷物自体が脱出の際の妨げになるのです。同じ飛行機に乗っていながら、他人の命より、自分が買った免税品の方が大事とは呆《あき》れるばかりです。

「安全のしおり」は、絶対に持ち帰ってはいけません。

バッグに入れるのは、機内誌と、エチケット袋までにしましょう。これが、全座席に入っていないと出発できません。787国内定期路線の初便「羽田―岡山」では半分以上のしおりがなくなったため、折り返し便が遅延してしまいました。

騒がれないハワイ航路

「成田―ハワイ」は、時間がかかる割にマイルもたいして貯《た》まらず、乗客のほとんどは、南の島でリゾートな人種ですから、純粋に飛行機を楽しもうとしている私にとっては、ちょっと抵抗がある路線と言えます。子どもが満2歳になって小児運賃がかかってくる前に、かけ込みでハワイに行こうという家族連れは多いものです。パラダイス家もご多分にもれず、2歳になる直前で出かけています。

子どもは成長したところで、もちろんハワイに行った記憶なんかありませんから、ダイヤモンドヘッドやワイキキビーチがテレビで映るたび、私がコーフンしたように画面を指差して、

「あっ、このあたりで泳いだねー、ここはちょうどABCで買ったゴザ敷いたあたりだ」

と、恩に着せるかのようにしつこく畳み掛けると、当然ムカつかれます。やり過ぎると、「どうして、今はハワイに連れてってくれないんだよ!」と、怒りをぶつけられるという墓穴を掘ることに。

赤ちゃんや子どもが多い機内であれば、どんなに泣こうがわめこうが、みなさん同じような状況ですから、大目にみてくれるものです。誰だって昔は赤ちゃんですから。そこに、1人だけビジネスマンっぽい服装の男が乗っていると、周りは気を使ってしまうものです。仕事だろうと、ただ飛行機に乗っている者だろうと、そんな気分はまったくなくても、せめて上着くらいはリゾートなファッションにしておけば、浮かないはずです。

女性の漫画家にも気を付けないと。着陸態勢に入ったあとシートベルトを外し、機内を歩き回って逆切れされても困ります。降りたあとも、どんだけ機内で乳幼児が耳《みみ》障《ざわ》りでうるさかったかと、ブログで書きなぐられてしまいます。

少子化が当たり前になってしまったニッポンでは、子どもがちょっと泣き叫んだりしたくらいで、おおごとになってしまうケースが増えてきている気がします。寛容になれない大人のなんと多いことでしょう。責任者出せみたいなことを言い出してCAさんにクレームしまくるような人間にこそ、最大の距離を置きたいものです。

耳元でギャン泣きされても平気なように、あらかじめ耳栓を用意しておくか、大音量のヘッドフォンで機内エンタテインメントを楽しむというのが得策です。

新米のおかあさん、おとうさんは、すでにおわかりだとは思います。子どもに飛行機の中でおとなしくしてもらう方法は、早めに空港に到着して、搭乗直前まで徹底的に遊ばせて、機内でぐったり寝させてしまうことです。それとて効き目万能ではありませんが、離陸後ウトウトしてきたら、食事の時間に無理に起こしたりせず、そのまま爆睡させたままで、起きてから機内食を出してもらうのがコツです。

青汁は2杯まで

そんなに美味《おい》しいものではないのに、これを飲んだら元気になるとか、血液がサラサラになるとか自己暗示をかけて、健康のためなら死んでもいいと、健康食品や、サプリメントに手を出すおじさん、おばさん、そして自分。

悪役商会の八名信夫《やなのぶお》さんが、「まずい！ もう1杯！」と発するテレビコマーシャルが話題になり、青汁が全国的に広まるきっかけになったキューサイの青汁が無料で飲み放題という場所が、羽田空港、伊丹空港、福岡空港内にあります。

青汁は専用サーバーで常時攪拌《かくはん》されており、飲み頃の温度に冷やされています。一時、サーバーが撤去されてしまい、小袋に入った粉末が並べられていたことがありましたが、ほどなく復活。たぶん「どうして、なくしてしまったんだ青汁サーバー！」と血相変えて、その件とは無関係なラウンジ担当のおねえさんを捕まえては怒りをぶつけまくっていたバーコード頭のおやじ達が大勢いたのだと思われます。私はバーコード頭ではありませんが、まあ頭頂部が若干薄めですが、憤慨していたうちの一人です。

それほどまで人気の青汁サーバーですが、ストレートで飲むより、真横に設置してあるディスペンサーで、ミニッツメイドのグレープフルーツ100％ジュースと割ったり、炭酸水を混ぜたりすると、さらに美味しく飲めます。冷蔵庫に入っている牛乳で割っても美味しく頂けますが、このカクテル、常温以上になってしまうと飲むのに勇気が必要になってきます。

ＡＮＡのラウンジで提供されているキューサイの青汁の効用は、いかほどのものかは医師ならぬ身にはわかりかねます。ただ、コマーシャルのとおり「まずい！　もう1杯！」となってしまうのは本当です。決して飲み放題とは謳《うた》っておりませんが、ついつい飲み過ぎてしまうそこの……自分！

「青汁の過剰摂取はカラダによくありません、せいぜい1日2杯までです」と、どこかの偉い先生がテレビで言ってました。なんでもほどほどがよろしいようで。

和洋中のフルコース機内食

経由便は直行便より間違いなく太ります。機内食がフライト毎《ごと》に出てきて、経由地毎にラウンジめしにありつけますから。そんな風に、食べることだけを考えて、国際線のルートをはじき出す楽しみは、飛行機の乗り方で一番の醍醐味《だいごみ》だと思う私です。

海外旅行がまだ高嶺《たかね》の花だった頃、「兼高かおる世界の旅」で観《み》た豪華な機内食シーンが、幼少の頃から脳裏に焼き付いて離れません。兼高かおるさんは30年以上かけて、地球180周分に相当する取材旅行を敢行されました。6年かけて40周分ただ飛行機に乗っていただけの私ですが、今のままのペースで乗り続けていくと、飛行記録だけは兼高さんを超えられるかもしれません。

大人になってファーストクラスやビジネスクラスのありがたいお食事を頂いていても、どこか釈然としません。お品がよすぎるというか、なにか目で見てすぐにごちそうと認識できなかったり、綺麗《きれい》にまとまっているけれどパンチが不足していたり、見た瞬間にブラボーと叫べないそんな機内食に、プチ不満を抱いてました。

大皿にのっかった七面鳥の丸焼き、足に紙のふさふさが付いたようなやつを食べる情景、園山俊二先生のマンガ『ギャートルズ』に出てくるようなデカい骨が刺さったビフテキが、着物姿のスチュワーデスさんによってワゴンで運ばれてきて、目の前で取り分けられ、お皿に盛られる……という情景だったかどうか、今となっては相当怪しいのですが、独自に脳内で固定化されてしまった、そういうイメージに合致した機内食は、なかなか食べられないままでいました。

　スカンジナビア航空も、ルフトハンザ航空も、頼みの綱のＡＮＡもすべて満席だった夏休み真っ只中《ただなか》のコペンハーゲン行きの折、「羽田―（ＡＮＡ）―関西―（ＡＮＡ）―北京―（オーストリア）―ウィーン―（スカンジナビア）―コペンハーゲン」のビジネスクラスという選択肢が脳裏に浮上。ただただ機内食を食べるためだけの搭乗にふさわしい、ヨーロッパへ行く間に、和食、中華、洋食すべてを頂ける行程に胸躍り、腹高鳴りました。

前菜はワゴンにのってやってくる

たいした期待もしないで乗った「北京―ウィーン」の奥地利航空ビジネスクラスで、自分が長年イメージし続けてきた機内食らしい機内食を食べることになるとは思ってもみませんでした。あ、奥地利航空というのは、オーストリア航空の中国語表記です。

だいたい北京がらみの便で、これまでまともな機内食にありつけたことがありませんでした。「フランクフルト―北京」（中国国際航空）では、あろうことか、私の直前でランチプレートが品切れになり、そのままほったらかされてしまったので、中国人キャビンアテンダントに、「キャナアイテイクイットゥ？」と抗議しました。その時に、ふてくされるギリギリ一歩手前の表情の彼女に、「ハァーイ、プリーズ」と、フタ部分にプラスチック製のフォークがぶっ刺さった中国製のカップラーメンがポンと、テーブルじゃなくてMacbookの上に置かれたことが、完全にトラウマになっています。その便では、マイルも加算されていなくて、はらわたの煮込み定食状態になりました。

そんなこんなで、会社は違うけど、北京発だし、どうせロクなものが出てこないだろう、スカンジナビア航空の直行便でビフテキ食べたかったなー、とふて寝していました。

「ヤマモトサン、ヤマモトサン、ゴハンノヨウイデキマシタ」

全身真っ赤、ストッキングまでも真っ赤の、おそらくオーストリア人のキャビンアテンダントさんが、手に持ったカンペを見ながら笑顔でご挨拶《あいさつ》にやってきました。そして、いかにも鉄人といった貫禄《かんろく》の、コック帽を被《かぶ》った男性のシェフがワゴンを押して、ギャレーから登場するではありませんか。

「サーヤマモト、フイッチドゥーユーライク？」

ワゴンの上には6種類の前菜が美しく盛られています。希望のチョイスに従い、目の前で丁寧に皿に盛り付けてくれるのです。「サーヤマモト」に少し動揺してしまいましたが、迷わず、ひるまず「エッブリシング、プリーズ」と注文。オードブル、サラダ、蝦《えび》の串《くし》焼きなどこれだけでも十分満足な内容です。

コック帽の正体は、ウィーンを拠点に世界中で食通を悦《よろこ》ばせているグルメエンタテインメントカンパニーDO&COの正真正銘の料理人。彼らは「フライング・シェフ」と呼ばれています。ウィーンのアルベルティーナ美術館、ホテルの他、ロンドンの大英博物館、F1グランプリなど国際イベントでのVIPケータリングサービスを担当しています。

同時に、見るからに高そうなシャンパンを、全身真っ赤っかのキャビンアテンダントさんが注いでくれます。

シェフがお皿の進行具合を随時確認しにきて、次にスープの壺《つぼ》をワゴンに乗せて運んでくれました。それも座席の真横で、丁寧にスープボールに注いでくれます。中には餃子《ギョウザ》のようなラビオリが入っていました。中華のような、イタリアンのような、初めて口にする食感でした。日頃なら、すぐさま解体して、その中身を皿の上で分析するのですが、ここではあきらかにマナー違反な感じがしましたので、そのまま頂きました。具材の斬新《ざんしん》さといい、スープのきめ細かいとろみ感といい、抜群です。

メインのお肉は、

「ミレニアムプリーズ！」

運ばれてきた分厚いヒレは、ミレニアム……なわけがなく、絶妙な加減のミディアムでした。付け合わせのポテト、ニンジン、アスパラ、ホースラディッシュの盛り付け方は、実にエクセレント。欧米系航空会社にありがちな、がさつな印象は皆無。実に繊細で、丁寧な仕事ぶりです。

食後のデザート、チーズも、もちろんワゴンにのって運ばれてきます。

「ヤマモトサン、フイッチドゥーユーライク」

「オーイェー、エッブリシングプリーズ」

驚いたことに、ここで「この便にはコーヒーがありません……」と書かれた、別メニューが手渡されます。

ここまでパーフェクトなコース料理だったというのに、食後のコーヒーがないなんて、残念というか、正気なのか？　と疑いたくなりました。オーストリアではコーヒーが禁止されていて、紅茶しか搭載していないのか？　などと不安に陥ります。

メニューを開くと、

「食後のコーヒーはオーストリア航空ならではの雲の上のコーヒーハウスで。伝統のオーストリアスタイルの香り高い淹《い》れたてのコーヒーを10種類からお選びください」

カプチーノやカフェラテなど全10種類のメニューから選べるという意味なのでした。

一番手間が掛かりそうなアイスウインナコーヒーを注文すると、トールグラスに芸術的とさえ言えるクリームの泡がのった、これまで私が飲んでいたアイスウインナコーヒーとは一体なんだったんだというくらい感動的な飲み物が運ばれてきました。そんなにアイスウインナコーヒーをしょっちゅう飲んでるわけではないのですがね。

地上の厨房《ちゅうぼう》設備で9割以上の調理を済ませ、あとはギャレー内のカートで温めて、それを客席に配膳《はいぜん》するというのが、いつのまにか主流になってしまった感のある機内食サービス。わざわざ専任のシェフを1名乗務させ、客の目の前で美しく皿に盛り付ける。「兼高かおる世界の旅」を彷彿《ほうふつ》とさせる、懐《なつ》かし過ぎが新しい、長年の夢がついに叶《かな》ったフライトとなりました。

うどん修行僧

羽田から高松への最終便、787で高松に降り立った我ら一行は、翌朝からの激戦に備え、ウォーミングアップをかねて、カレーうどんを流し込みに街へ繰り出しました。飛行機好きのサークルでも、旅行研究会のメンバーでもありません。ただ飛行機を通じて知り合ったというか、たまたま偶然隣に乗り合わせていた客同士が、わざわざお互いの休日を調整し合って、さぬきうどんを食べに行くまでになるのに、そう時間はかからなかったのです。

マイルを貯めるのと、うどん店を一軒一軒しらみつぶしに制覇していく業《わざ》には、何かしら共通点があるのか。お遍路さんとは関係性があるのかないのか、そんなことをぼんやり考えながら、うどん店に向かう朝イチのレンタカーで後部座席に座る私。目標は1日8杯、2日間で16杯。行程的にも胃袋的にも、それが適正だと思いたいです。

予定どおり16杯完食した帰りの羽田行き最終便の機内で、昨日から何軒かのお店ですれ違っていた方と一緒になりました。

「この前、金色のタグがANAから送られてきました」

「あっ、それはもしかして加賀蒔絵《まきえ》の工芸品というやつですね？　私のところにも送られてきましたよ。お互い随分無茶していますね」

「私は社畜で、仕事で3分の2、あとはこうして趣味でうどん修行なんですよ」

端で聞いていても、なんのことだかさっぱりわからないであろう内容の会話が、初対面だというのにトントン弾んでしまうのは楽しいです。

「またいつか、高松線の機内でお会いするでしょうね、きっと」

「そうですね、ところでＦａｃｅｂｏｏｋでお友達申請してもいいですか？」

今にも、うどんがリバースしそうなくらいな腹具合だというのに、それにフタをするかのようにプレミアムクラスのお弁当を流し込み、着陸するまで喋《しゃべ》り続けていました。飛行機とさぬきうどんを共に偏愛されている方と、また新たなご縁ができました。

世界一周航空券でイースター島

世界一周って、そんなにやってみたいですか？

そもそも、アメリカ、ヨーロッパ、アフリカ、アジア、オセアニアって一度に行きたいものですか？　オールナイトの名画座で、大作5本ぶっ通しで観て、記憶がごっちゃになってしまうような回り方、楽しいと思われます？　苦行に近くないですか？　一生に一度だけはやってみたいと思うのか、何度でもやってみたいのか、まったく興味がないか、ハッキリと嗜好《しこう》が分かれる世界一周。

「私は、あれこれ抱えていることをなにもかも放り出して出発できるのなら、今スグ予約、明日にでも速攻空港へ向かいたい気分です。

思い立ったら、世界一周。治安の悪い国へは行くな、バックパッカーなんてどんなひどい目に遭うかわかったもんじゃない、などと他人に説教する気はさらさらありません。

しかし、ぼんやりプランを考えているうちに、煩《わずら》わしい「旅」に近づいてきてしまい、面倒くさくなってしまいました。そんな私の背中をぐいーーっと静かに押してくれる「世界一周チケット」という大変便利な航空券がありました。「スターアライアンス」「ワンワールド」で、それぞれファーストクラス用、ビジネスクラス用、エコノミークラス用が用意されています。

使い勝手としては、断然ビジネスクラスに軍配が上がります。あえてイレギュラーに巻き込まれたいなどというあまのじゃくな私でもここは計画どおりにスルッと1周回って帰ってくることを優先させたいもの。ほんの少しの遅延や、途中1便欠航しただけで、もうお先真っ暗と悲観してしまうような方。見知らぬ空港で、エコノミークラスチェックインカウンター前の、とぐろを巻いた行列を見ただけで「オーマイガッ！」となってしまう方。ひたすら機内食を食べ続けたい方。世界の航空会社自慢のラウンジ巡りを存分に楽しみたい方。一切市内観光ナシの世界一周を実践したい私のような方にも、迷わずビジネスクラスをおススメします。

航空会社のポイントを貯めて、サラの状態から上級会員を目指すために、このチケットを購入する方も多いと聞いています。購入前に、ポイントがつくかどうか、しっかりと確認しておくこともお忘れなく。

モアイを見るため、イースター島へ行くだけのために、ワンワールドの世界一周航空券を購入する方がいるように、一ヶ所、または二ヶ所程度に用があるくらいでも、世界一周航空券を購入した方が、安価になる場合があります。ニューヨークに行ったついでにフランクフルト近郊の温泉バーデンバーデンに行くとか、エジプトに行ったついでにロサンゼルスのカリフォルニアディズニーへ寄って、ハワイのワイキキのコンドミニアムで1週間とか、食べ合わせのよくなさそうなプランもご自由に。

台頭するLCC（格安航空会社）を利用しての世界一周も可能になりました。短距離区間が多かったLCCではこのところ長距離便の就航も増えたのです。片道10時間を超えるエアアジアの「ロンドン―クアラルンプール」を軸に、ルートを探していきましょうか。

「羽田―（エアアジア）―クアラルンプール―（エアアジア）―ロンドン―（ライアンエアー）―ダブリン―（エアリンガス）―ニューヨーク―（ウエストジェット）―バンクーバー―（ウエストジェット）―ホノルル―（ジェットスター）―シドニー―（ジェットスター）―成田」。アフリカと南米を除く西回りルートは、すでに確立したと言えます。「地球の歩き方」サイトに、具体的なルートが掲載されています。ただし、LCCでの世界一周では、都市名が同じでも、空港が離れていて地上の移動の便が確保されていない場合のタクシー代だったり、手荷物のオーバーチャージなど、様々な面で、ほぼ間違いなく余計な出費を強いられることになります。ゲーム感覚でそれらも楽しめるまでになればいいのですが、廉価《れんか》ゆえのサービス内容で、結果的にはマイルやポイントも貯まらず、気苦労でパツンパツンになることが予想されるのであれば、「スターアライアンス」や「ワンワールド」を選択するべきです。苦労は買ってでもしたいという方、ＬＣＣで徹底的にやってみて下さい。私はご遠慮いたしますが。

ゲートピンポン

国際線だというのに、44人乗りの飛行機で出かけます。ボーイング737には、通常136人乗り程度のキャパシティがありますが、この飛行機だけはたったの44人乗りです。なんだかこれから、「はとバス東京1日コース」（行き先は、皇居、浅草、東京スカイツリー）にでも出かけるような気分です。

チェックインカウンターでは、普通にエコノミークラスの搭乗券を受け取りました。それはそうです、エコノミークラスのチケットを、最安値の割引運賃で買っているのですから、あたりまえです。

ANAラウンジ名物「全部入りうどん」（かき揚げ＋山菜＋きつね入りうどん）を頂き、搭乗口へ向かいます。

パスポートを見せ、搭乗券を改札機にかざすと、

ピンポーン！

すぐさま、眉間《みけん》にしわを寄せながら大変申し訳なさそうな顔をした地上係員さんがやってきます。

「ヤマモトさま、本日ご指定頂いていた通路側の席なのですが、あいにく満席のため窓側のお席に変更させて頂いてもよろしいでしょうか？」

近所のファミレスみたいに「ご注文は、以上でよろしかったでしょうか？」などと言わないところが航空会社のクオリティです。好感が持てます。そんなとき、「よろしくないです、元の通路側でお願いします」なんて返したら、一体どうなってしまうのでしょうか。

そういうわけで、片道4万円のエコノミークラスのチケットが、片道26万4000円相当のビジネスクラスに化けてしまいました。正直なところ、アップグレードされるかもしれないという予感はしていました。なぜかというと、搭乗3日前の時点で満席だったからです。

エコノミークラスが満席の場合、航空会社は溢《あふ》れた人々をなんとかしなければなりません。そういったとき「ダイヤモンドサービス」メンバーだったりすると、搭乗口ギリギリのところで座席調整されて、アップグレードされるということもあったりするわけです。

「ゲートピンポン」。私はそう勝手に呼んでいますが、みなさんも、覚えておいて損はない、何度もそんな目にあえたらうれしい、声に出したくなる日本語です。

「成田―ムンバイ」のエコノミークラスの割引運賃には、実は面倒くさい条件がついていて、目的地で、最低2泊3日しなければなりません。ただ飛行機に乗って往復する以外、一切余計なことをしたくないというのに、1泊ならまだしもインドのムンバイに2泊もしろとはたまったもんじゃありません。

その飛行機に乗りたいだけなのに、行きたくもない場所に行って、泊まりたくもないホテルに2連泊というのは、私にとっては拷問《ごうもん》です。本当に仕方がなく、現地に到着してからわざわざ目的を考えてみました。マクドナルドへ行って、インド版ビッグマック、チキンマハラジャにありつくとか、どうでもいいようなことの積み重ねでなんとか2泊3日を凌《しの》ぎました。

マイルロンダリング

　ムンバイのチャトラパティ・シヴァージー空港は、インドが隣国パキスタンと準戦時にあるため、イミグレーションが大変厳しく、セキュリティチェックは、ズボンのファスナーの金属部分にすら反応するほどレベルが引き上げられています。至るところでパスポートのチェックが行われ、搭乗券には都度スタンプが押されます。

　復路では、「ヤマモト様、当便はあいにく満席で……」とはならず、搭乗口通過の際も、耳にかすかに残っている、ゲートピンポンの音色とともに横にはじかれることもなく、これでエコノミークラス決定です。それがあたりまえなのです。往《い》きに散々いい思いをしたわけで、「もはやこれまで、これでムンバイ最後なう」と、ボーディングブリッジの急な坂を下ります。機内に乗り込もうとした、まさにその寸前、事態は急展開！　先ほどチェックインしたときのインド人の地上係員さんがあとから追いかけてきて、

「ヤマモトサマ、イツモゴリヨウアリガトウゴザイマス。コノチケットト、コウカンサセテイタダキマス。ヤマモトサン、トッテモ、ラッキーデス。ドウゾオキヲツケテ

イッテラッシャイマセ」

ゼンジー北京のようなアクセントもなく実に流暢《りゅうちょう》で美しい日本語と、インド神秘の微笑《ほほえ》み全開で、搭乗半券を交換して貰《もら》います。

なんと帰りもビジネスクラスに無償でアップグレードされてしまいました。往復8万円のエコノミークラスのチケットが、52万8000円のビジネスクラスのチケットに変更だなんて、常軌を逸しています。うれしいにも保土ヶ谷バイパスです。

13Hから5Cに変更。さらに窓側じゃなきゃヤダヤダと駄々をこねた訳ではないのですが、機内でさらに隣がいない4Kに変更して頂きました。小型機ではよくある、適正な重量配分処置命令とのこと。

ちなみにキャビンアテンダントさんたちは行きの便と一緒の、羞恥《しゅうち》プレイです。搭乗の際、まだムンバイだというのに「ヤマモト様、お帰りなさいませ」とのご挨拶。もはや、我が家の気分です。

ウエルカムドリンクは、シャンパンではなく冷緑茶をセレクトして、まずは心を落ち着かせます。冷静な気分でなんかいられませんから。いられるワケないでしょう。

「無駄」だった滞在期間を除けば、機材も、食事も、キャビンアテンダントさんも、料金も、パーフェクトでした。インドにまた行きたいというより、インド行きの飛行機にまた乗りたいというのが本音です。

【今回の出費】
成田―ムンバイ　8万円　4万マイルを8万eクーポン（SKYコインに交換・「ダイヤモンドサービス」メンバー期間限定特典）
空港税　施設利用料　3940円
インドビザ申請　1890円
ビザ用証明写真代　700円
ホテル2泊　8600円
荻窪―成田空港　1290円
成田空港―荻窪　1290円
■合計　9万7710円
加算マイル　2940マイル
カード搭乗ボーナス　5251マイル
旅達会員搭乗ボーナス　210マイル

国際線Wマイルキャンペーン　2940マイル
■往復合計加算マイル　2万2682マイル
夏のボーナスキャンペーン　1万2000eクーポン（SKYコイン）
整理すると、4万マイル利用、2万2682マイル加算で、1万7318マイル減
1万2000eクーポン（SKYコイン）加算で、実質追加負担　5318円

なんと、東京―福岡の特典航空券1万8000マイル（ハイシーズン）よりも少ないマイル数……1万7318マイル＋5318円で、往復52万8000円のビジネスクラスに乗ってしまったことになります。これをマイルロンダリングと呼ばずになんと呼びますか。
いや勝手にそう呼ぶことにします。

【インド国内での出費】
空港↓ホテル　タクシー　380ルピー
ボトルウォーター　2本　60ルピー
マクドナルド（チキンマハラジャバーガー＋マックベジ＋コーラL＋ポテトL＋ソフトク

リーム）２２０ルピー
カレーディナー（カレー＋タンドリーチキン＋ビール＋パン）５９８ルピー
朝マック（ソーセージエッグマフィン＋ピザパフ＋コーラ）93ルピー
露店のサモサ　15ルピー
露店のおもちゃ（内容はヒミツ）５００ルピー
露店のパパイア１個＋オレンジ４個　50ルピー
インド綿の上着　２着　４６００ルピー
ＷｉＦｉカード（24ｈ＋１ｈ）６５０ルピー
市内でのタクシー　８回　３５０ルピー
お菓子（明治製菓のパンダ、マルカワの風船ガム……）１８００ルピー
カレーディナー（カレー＋パン＋ビール）４５０ルピー
ホテル→空港　タクシー　３２０ルピー
■合計　1万86ルピー＝約2万円

1円セール

〈皆さま、お待たせいたしました！　ジェットスター日本国内線1周年の感謝を込め、本日ＪｅｔＭａｉｌ会員限定￥１※セール開催です！〉

やっていいことと悪いことがあるだろうという見本のようなキャンペーンです。かかる費用を最大限切り詰め、これ以上の費用対効果を望めるプロモーションは他にないだろうというジェットスターの1円セール。セール当日に、会員向けのメルマガで1円セールをやりますとぶちかまします。ギリギリ読めるかどうかの級数で、しかもグレーでトーンを落として〈１０００席限定、支払手数料は別途必要、受託手荷物料金は含まれず、他にも諸条件が適用される〉と記されてあります。1円とは書いてあるけど、本当は1円では飛べないんだよ。遠回しながらも告知義務は果たしています。

このメールには、※印があちこちにあり過ぎます。もっと本当のことを、どうして素直に言えないのか、やましいことでもあるんじゃないかとカンガルー……ではなく、勘ぐりたくもなります。ちなみに親会社は、尾翼にカンガルーのカンタス航空です、念のため。

実際、今回も開始時間と同時にパソコンに向き合うも、脆弱《ぜいじゃく》なシステムなのか、〈今すぐ予約？〉のボタンを押したところで、なかなか次の画面に進みません。いつも通りの展開にすぐに嫌気がさしてきます。前のページへ戻ってはボタンを押し続けること30分、ようやく希望の路線の選択画面に辿《たど》り着くも〈ただいま開催中のセールはありません〉との表示。この路線は既に完売している模様。

もうこの時点でパソコンから離れるべきなのに、未練がましく別段乗りたくもない路線の検索を続けていると「鹿児島―名古屋（中部）」にまだ空席があります。入力フォームに記入、最後の支払い確認ボタンを押すと、待ってましたのエラー表示。あんまりですな。

ゲーム感覚の延長といえば聞こえはいいですが、1円セールで飛行機に乗れたことがないので、パソコンの前で無駄な時間を過ごすのは金輪際ヤメておきます。ジェットスターの1円セールは、絵に描いた餅《もち》、商道徳に反していると断言します。

スマートフライヤープロジェクト

スマートホンに始まり、スマートオフィス、スマートBBQ、スマート餃子《ギョウザ》と、ここ最近なんにでもスマートを付ければいいという風潮に、ムカついてしまう私。ただし、首都高の交通事故削減プロジェクト、スマートドライバー（通称スマドラ）は、交通事故削減に貢献しています。5年目を迎え、全国に広がりをみせているのでヨシとします。

スマホで予約、支払い決済、チェックインまでできて、空港ではカウンターに立ち寄ることもなく、保安検査場はカードをかざすだけで通過、そのまま飛行機に乗れる。ほんの10年前には存在すらしていなかったこのシステム、今では普通になりました。便利な世の中に遅れまいと、必死についていこうとがんばっているスマートデブです。飛行機に乗るまでのストレスを軽減するシステムも大事ですが、搭乗客側の意識も緩やかに変化させていくべきだと思います。まわりの人の気持ちを察し、気遣ってこそ、快適なフライトが楽しめると提案したいのです。機内でバカ騒ぎする外国人や、遅延・欠航の対応でカウンターの地上係員さんに罵声《ばせい》を浴びせまくる日本人オヤジなどを目にすると、悲しくなってきます。

最高に恥ずかしい事例としては、搭乗手続きを締め切った直後に、「オレは、ダイヤモンドだぞ、いいからこの便に乗せろ！」と、地上係員さんを恫喝《どうかつ》する人。一体、世の中に、何千人の「ダイヤモンドサービス」メンバーがいると思っているんでしょう。いえ、私も正直なところわかりませんが、相当な数いるはずです。たかが「ダイヤモンドサービス」メンバーくらいで威張り散らすような人間は新幹線に乗って下さい、お願いします。

みんながワクワクしながら飛行機に乗れるプロジェクトを、スタートさせませんか。航空会社、国土交通省、空港、地方行政の垣根を取り払い、安全で快適なフライトを目指すというものです。次のフライトから、個人的にスマートフライヤーを目指しますか。いや、実は、十分すぎるほど毎回スマートフライヤーしているのですよ、この私。

98万8000円のリモワ

いつの時代も、飛行機グッズは憧《あこが》れの品です。パンナム、JALとロゴが入ったショルダーバッグが眩《まぶ》しかった昭和の時代。「あの人、飛行機に乗ってハワイへ行ってきたんだ〜」と羨《うらや》ましくなるようなもの、今でもちゃんとあります。

ドイツのスーツケースメーカー、リモワ製のアメニティーポーチは、スターアライアンスのルフトハンザ航空、タイ航空、ANA（海外発便限定）のファーストクラスの搭乗客にしか手に出来ません。しかも、さりげなく航空会社のロゴが入ったオーナメントが付いているのですから、航空マニアは喉《のど》から手が出るほど欲しいのです。このポーチを貰うためだけに飛行機に乗るという方、ぜんぜん間違っていませんから、どうぞ、お好きに乗って下さい。

ネットオークションでも、度々このポーチは出品されています。そして、毎回、結構イイ値段で落札されています。ポーチごときにそんなにお金出すのなら、乗って貰えばいいじゃない、と言いたくもなりますが、なにしろファーストクラスですから……。

ANAファーストクラスの一番安い路線で、片道98万8000円（ロサンゼルス・サンフランシスコ・シアトル・サンノゼ―成田／羽田）します。瞬時に決断できる金額ではありません。いつ乗るの？　今は無理でしょ。となります。

ちょっと気になるのは、ネットオークションでこのポーチを出品しているのが、いつも同じ顔ぶれである点です。搭乗した本人なのか、それともその家族なのか。毎回、コンスタントにファーストクラスに乗っている割には、それをネットオークションで販売するって、一体どんな人たちなんだろう。つい、そちらの方に興味が湧《わ》いてしまいます。

何かの拍子で、このリモワのポーチを持っている人に出会ったら「いつ乗ったんですか？　どの路線ですか？」と聞いてみるといいと思います。たぶん、聞かれた方も悪い気分にはならず、『飛行機の乗り方』の話でお互いきっと盛り上がることでしょう。

※ANAのファーストクラスのアメニティーポーチは2015年4月からサムソナイトに変更

飛行機の整備の仕方

飛行機の乗り方を習得してゆくうちに、飛行機の整備の仕方にも興味が湧いてきます。

ANA、JALそれぞれ、羽田空港の機体メンテナンス場の見学をさせて頂くことができます。これがなかなか興味深いのです。大人の社会科見学ブームもひとまず落ち着いてきたところで、醬油《しょうゆ》工場でも製菓工場でもハム工場でも、別に行きたいところに行けばいいのですが、飛行機の整備工場には王道の風格が漂います。

当然ですが、見学は無料です。東京モノレール「新整備場」駅までの往復運賃しかかかりません。駅から歩いて行くと、手前右にJAL、左奥にANAの工場がありま す。

簡単な座学を終えると、ビデオ上映、質問タイムなどが設けられており、その後、いよいよヘルメットを装着して、工場内へと潜入します。ガイドさんは、キャビンアテンダントさんと同じ、スカーフが盛り上がった、あの制服姿です。メガホン片手に「そちらのお客様、ご一緒に行動お願いしまーす、遅れないで下さーい」と、さわやかに釘《くぎ》を刺します。

写真、ビデオは、一部条件付きながら撮り放題ですので、絶景ポイントを見つけたとたん居座ってずっと撮っていたくなってしまいます。飛行機そのものも楽しめますが、工場の様々な設備、鉄骨の美学にしびれます。矢口史靖《しのぶ》監督の映画「ハッピーフライト」の中でスポットが当たった、整備士の専用工具箱置場の前なども通ります。

搭乗口からボーディングブリッジを渡って乗り込む際に見る飛行機は、目の錯覚でかなり小さめに見えているということがわかります。737やA320などの小型ジェット機であっても、整備工場で目の当《ま》たりにすると、その大きさに圧倒されます。777や747に至っては3階部分から間近に見る尾翼の大きさに呆然《ぼうぜん》とします。工場内でどんなに後ずさりしても飛行機全体がカメラの画角に収まりきらないほどです。機体工場内では、望遠レンズより広角レンズが役に立ちます。

機体メンテナンス工場の予約は、各社WEBで受け付けています。盆暮れの飛行機と同じくらい人気がありますから、なるべく早く予定を立てて申し込むのが肝心です。

「キ」の章

飛行機の中で貰《もら》えるもの

飛行機に乗ったなら、なにか記念品が欲しくなってしまうもの。国内線なら絵はがき、機内誌、エチケット袋。ＡＮＡのプレミアムクラスであれば、アイマスク、マウスウォッシュ、リクエストすれば耳栓も持ってきてくれます。トイレには生理用品のストックもあります。私は念のため確認はしますが、持ち帰ったことはありません。

搭乗するまで全然平気だったのに、機内でダクトの冷気を直《じか》にお腹《なか》に浴びているうち、急に差し込んでしまったことがあります。前屈《まえかが》みになりながらトイレへ行っている姿を発見したのでしょう、トイレから出てくるなり、ギャレーにいたキャビンアテンダントさんに「正露丸飲まれます？」と、ミネラルウォーターといっしょに用意していたのを差し出されたのには大変感動しました。

一昔前までは、国内線の普通席でもドリンクサービス以外に、お菓子のサービスがありました。北海道の「白い恋人」を最初に食べたのは飛行機の中でした。今は、キャンディーさえ、搭乗の際ひっそりと目立たないようギャレーにおいたりしていて、積極的に配ろうという気配はなくなりました。咳《せ》き込んでいる乗客に対し、黒糖のど飴《あめ》ばかりを小袋に詰めて渡しているキャビンアテンダントさんを見つけるたび、なぜか私も突発的に咳が止まらなくなったりします。

子どもだけが貰える、航空会社のロゴが入った飛行機の模型、ビニール風船、ぬいぐるみ、塗り絵セットは、大人にとっても実に魅力的です。ギブアウェイのトイを貰うためだけに、子どもといっしょに乗ることもありました。

万一、我が子がこちらの意に反したおもちゃ、たとえばトランプやパズルといったものを衝動的に選択した場合、キャビンアテンダントさんの前で、容赦なくそれを放棄、変更するよう親として強く指導しました。

その甲斐《かい》あって、リビングのテーブルの上を空港のエプロンのように模型飛行機だらけにして、子どもと一緒に遊べたことは、今や懐《なつ》かしい思い出です。

天候調査で絶叫マシン

発達した梅雨前線の影響で、離陸から小刻みに揺れが続き、いつもならシートベルト着用サインが消える時間になっても一向に揺れが収まりそうにない。そんなフライトに乗り合わせることがあります。急にがくんと降下したり、引っぱられるような横揺れに見舞われたり、ありとあらゆるタイプの揺れを一度のフライト中に経験できるというのは、私にとっては大変ラッキー、というかちょっと得した気分になります。わざわざ遊園地で高い入園料を払い、行列までして絶叫マシンに乗る人が、この世には大勢いるわけです。絶叫系のアトラクションは、最近各地で相次いで事故を起こしてニュースになっていますが、飛行機の場合どんなに揺れたところで、チーフパーサーは「大きく揺れましても、飛行の安全性には問題ありませんので、ご安心下さい」と励ましてくれます。この言葉をなんら疑うことなく、到着地まで機長の操縦桿《かん》さばきを信じ続ければいいのです。少しでも早く揺れが収まればいいのにといった期待感や、もしかしたら万が一のことが起きたらどうしよう、などという不安要素を抱えたままの状態でいると、確実にエチケット袋のお世話になってしまいます。

飛行機は、高水準の安全規格で舗装された道路を延々走るわけでもなければ、新幹線のようにレールの上をひたすら進む乗り物ではありません。厳しい気象条件にさらされながら、おもいっきり揺れる乗り物なのだ。そういった覚悟が必要なのかもしれません。

大きい飛行機だと揺れが少なく、小さい飛行機だと揺れが大きいと信じている人が多いようですが、どちらもさほど変わりありません。むしろ大きい飛行機が揺れる時は、そのスケール感から、ギャレーに収納されているカートが一斉にガタガタ音を立てたり、機体が軋《きし》む音が聞こえたりするので、よりスリリングに感じてしまいます。実際そうなったときは、揺れそのものを軽めのアスレチックくらいに感じて楽しむ余裕が必要になります。

離陸中、機体に落雷を受けたことがありました。眩《まばゆ》いばかりの閃光《せんこう》、音と揺れが完全にシンクロしていたので、あたったとすぐにわかりました。搭乗機は、目的地まで無事に航行し、到着空港で外周を整備士の方に念入りに点検されましたが、しばらくすると、問題なしということで、また飛び立っていきました。そんなものです、飛行機の安全性とは。

そのフライトでは、プレミアムクラスに乗っていましたが、結局キャビンアテンダントさんも離陸からずっと着席したままの状態で、ドリンクのサービスも、お弁当の配付もありませんでした。揺れや落雷の衝撃よりも、機内サービスが皆無だったことが悔しくてたまらなくて、記憶に深く刻まれるメモリアルフライトになりました。

揺れに対してある程度免疫《めんえき》がつくと、もっと強烈な揺れを欲するようになります。純粋に揺れを楽しむ搭乗と割り切れれば、たとえ目的地へ着かなくても、怒ったり、キャビンアテンダントさんに辛《つら》くあたったりなんてしなくなります。「到着地が（強風、濃霧、大雨、大雪など）悪天候の場合、出発空港に戻る可能性があります」とアナウンスされる「条件付きフライト」になると、待ってました！　と喜んで搭乗してしまう私がいます。

プレミアムクラス設定便で、空席があれば迷わずアップグレードします。目的地に着かなければ、運賃のほかアップグレード分も当然払い戻されます。遊覧飛行と最初から割り切って搭乗すると、ココロにゆとりが生まれます。万が一大きく揺れても、お弁当は美味《おい》しく頂いて帰ります。

悪天候の日に、どこへ行くとも決めずに空港へ行って、電光案内板で「条件付きフライト」をわざわざ選択して乗るようになれたら、真の「通」と言えましょう。

せっかくの「条件付きフライト」に搭乗するのですから、主翼より後方の窓側座席を選びましょう。弾性限界ぎりぎりの主翼のしなりっぷりに興奮しつつ、コクピットの中はさぞかし緊張感に溢《あふ》れているんだろうと想像がつく補助翼の小刻みな動きに注目したいです。

着陸できずに出発地へ引き返したり、目的地とは違う空港に着いたときは素直に喜びましょう。イレギュラーこそが、飛行機での最大の娯楽、サプライズなのです。

フランクフルトでフランクフルト

フランクフルトでフランクフルトソーセージを食べるためだけに、ファーストクラスで往復するのが夢、だったかどうかは疑問ですが、やはりこれは実行しないとあとあと後悔するのではと思いました。フランクフルトを達成したあかつきには、ニューヨークで入浴くらいしか思いあたりません。ダジャレ旅にも保土ケ谷バイパスです。

成田からの機内では寝る暇を惜しんで、ひと通りというか、ふた通りくらい飲んで食べているので、そんなにお腹が空《す》いている訳ではありません。それでも、公認サンタクロースの標準体重を維持するためには食べ続けなければなりません。

フランクフルトでの滞在時間は4時間10分。空港から電車に乗ってフランクフルト中央駅で降りて、屋台のフランクフルトソーセージにかぶりつき、本場のビールで流し込んだら、目的完遂です。

街をぶらぶらするわけでもなく、ましてや観光名所を巡ったり、ホテルで1泊したりなんて、何をしに来たかわからなくなってしまいます。すぐに空港へ戻り、チェックインして、保安検査場を通過します。先ほど成田から乗ってきた同じ機材の、同じ

シートにまた座ります。乗務員は、往《い》きの便と全員入れ替わっています。しかし、チーフパーサーさんからは、

「お仕事お疲れさまでございました。どうぞ、ごゆっくりお休みくださいませ。離陸後すぐにベッドメイキングさせて頂きますので……」

などと声をかけられてしまいます。間違いなく、前便からの乗り継ぎ情報が伝わっている証拠です。どうせ、飛行機好きの変態と思われているに違いありません。いや、公認サンタクロースというのだって バレてしまっているはずです。

「お腹空いているので、到着まで食べ続けていてもいいですか?」

「……(微笑《ほほえ》み)」

そういうわけで、帰りの羞恥《しゅうち》プレイもかき捨てで行くことにします。

ファーストクラスのチーフパーサー

あれこれと、口に出さなくてもわかってくれる存在。それがファーストクラス担当のチーフパーサーさんです。ファーストクラスに搭乗すると、過剰なサービスを期待、要求してしまう輩《やから》は少なからず存在します。席に着くなり、シートの電動リクライニングコントローラーボタンをカチャカチャ操作しまくっていたり、周りをキョロキョロし、出発前からカメラでキャビン内をあちこち撮影しているのは、ファーストクラスに乗りなれていない証拠とも言えます。彼らは人生初めてのファーストクラス体験客だったりします。（単なる航空マニアという場合もあります。航空マニアなブロガーは、自らの一挙一動をすべて撮影しないと気が済みません。）

それらは皆、特典航空券で無償搭乗している客です。簡単に言うと、ファーストクラスの挙動不審者というのは、大方このパターンです。でもそういうファーストクラスに不慣れなお客さんにこそ、チーフパーサーさんは親切に接してくれます。

これまで数え切れない客を相手にしてきたベテランチーフパーサーさんの眼力は鋭いのです。そう、ファーストクラスを担当するキャビンアテンダントさんには、若くてピチピチという方は残念ながら存在しません。キャリアうん十年の大ベテランから、最低でも十年選手のファーストクラスを担当できる社内資格を持った顔ぶれまでで構成されています。

そんな訳で、時に「私、ロッキード・トライスターの頃から乗務しておりますのよ、おふっ、うふっ♡」などと開き直られると、見てくれがこちらの趣味に著しく反していても、ちょっとうれしくなって親近感を覚えてしまったりするということもあります。そういうお話上手なベテランは、アタリだと思いたいです。

焼酎《しょうちゅう》の村尾のロックに、コーラを足しながら飲んでいると、

「山元様、六歌仙にもコーラが合いますよ、お試しになられます？」

「日本酒にコーラは合わないでしょ、いくらなんでも」と言いつつ、やがて運ばれてきた半々で割られたそれは、抜群に美味しいのです。話術も巧みであれば、お酒やカクテル、あれこれのチャンポン術も備わっています。混ぜるの好きです。さすがです。

消灯後、フルフラットシートで横になって、少し寝返りを打ちました。「ヤマモトさま、毛布をもう1枚お持ちいたしましょうか？　何かお飲物は飲まれますか？」と、暗闇《くらやみ》の中で、押し殺した小声で耳元で囁《ささや》かれたときは、さすがにドキッとしてしまいました。本当に、ただの寝返りでしたのに、寝姿、一挙一動に反応するのもどうかと

思いますが、彼女たちがそのくらい搭乗客に神経を集中していることは事実です。

最新型の機種では、ネットカフェのようなパーテーションで仕切られたファーストクラスや、スイートクラスが主流になりつつあり、プライバシーに配慮したつくりになっているので、そういった特殊なサービスは減りつつあります。

海外の航空会社では、男性のキャビンアテンダントがファーストクラスを担当することがあり、女性客にとってはイケメンだったら喜ばしいのでしょうが、なんかずんぐりむっくりの私のような体型の、単なるおじさんが迎えてくれた場合は、着陸まで我慢するしかないのでしょうね。

クールジャパンパス新発売

日本人が、海外旅行慣れしてくる一方、外国人観光客はなかなか日本にやってきません。原発事故の影響とか、直近の原因でどうのこうの分析している人もおりますが、昔からそんなにたいして訪れていませんでしたよ。

いくら空港や駅の案内サインを英語、韓国語、中国語併記にしたところで、そういうことじゃないんだよな、と思ってしまいます。

いつの間にか、外国人の目からは、行ってみたいという動機付けが、異常なまでに低い国に成り下がっていました。神社仏閣に限らずとも観光名所は山ほどあって、さらにはアキバに代表されるサブカルチャー、ビッグサイトのコスプレなど、観光資源に事欠かない国でありながら、メイドインジャパン輸出の大号令だけで「ウエルカムトゥジャパン」に舵《かじ》を切らなかったツケは大きかったと言えます。

しかし、誰が入れ知恵したのか、ようやく行政側から日本経済の再生の切り札はクールジャパンだという言葉が出ました。日本人から見て唐突な感は免れませんが、成長戦略の鍵《かぎ》になることだけは間違いなさそうです。そのネーミングセンスはともかくとして、せめて今から20年前、いや30年前にこの政策を打ち出していればと、ため息をつきたくなるばかりです。

ノルウェー、デンマーク、スウェーデンのスカンジナビア諸国を頻繁に訪れて感じるのは、日本、韓国、中国の関係と、一歩離れてみると似たような関係にあるということです。日本人から見て、外見的な特徴で北欧3ヶ国の人を見分けることは難し過ぎます。あちらから見てもそれは同じでしょう。しかも、言語はバラバラ、通貨もそれぞれ独自通貨、隣国同士で何度も戦争を繰り返しています。バイキング時代の歴史をまったく自虐《じぎゃく》的に捉《とら》えることなく、むしろ雄々しい伝統と誇っているデンマークが、ノルウェー、スウェーデンから疎《うと》ましく思われていたりということもあります。人前でおおっぴらには言わなくても、こそこそ陰口を言い合うみたいな関係は、どこかの国同士の関係と酷似しています。昔から協力してやっていることといったら3ヶ国共同でスカンジナビア航空を飛ばしていることくらいです。そして、これが決定的に、日韓中と違う点でしょう。

北欧にはユーレイルスカンジナビアパスという旅行者向けの鉄道パスのほか、スカンジナビア航空エアパスという、安くて使い勝手がよいクーポン形式の周遊チケットがあります。日本人にはあまり知られていませんが、日本にもJRグループが発行しているジャパン・レール・パスというものが存在します。JR全線、乗り放題で、グリーン車用もあります。観光目的で来日する外国人専用のパスで、普通車用で7日間2万8300円、グリーン車用の21日間でさえ、たったの7万9600円です。もちろん新幹線にも乗れます。なんか、この仕打ち、いや料金の設定って、ちょっと自国民に対しては酷《ひど》いんじゃないかと思ってしまうほどの「おもてなし価格」になっています。

この飛行機版を、日本で、今スグつくるべきです。

日本国内、どこへでも何度でも自由に飛べる外国人専用エアパス、名付けて「クールジャパンパス」。日本人が、それはないだろう！　と頭にきてしまう低価格な設定で、海外からの旅行者を、日本全国隅々まで、離島にまで撒《ま》き散らすのです。

JRにできて、ANA、JALにできないことはないはずです。

これは日本経済に革命を及ぼすことでしょう。即効性が高いのは想像がつきます。いつまでもミシュランガイドでチヤホヤされている「高尾山」に一人勝ちをさせてはいけません。

空席がある便に限り有効という設定にすれば、航空会社には大して負担もかからないばかりか、搭乗率の低い地方路線がいきなり活況を呈するでしょう。飛騨《ひだ》高山だけではなく、我々ですらあまり行かない過疎地《かそち》や、離島、限界集落に、日本の原風景を見いだし、その美しさに感動する外国人は多いはずです。宿泊施設の整っていない地では、外国人観光客のための民泊の推進を、行政が積極的に支援することも怠ってはいけません。

くどいようですが、ＪＲにできてＡＮＡ、ＪＡＬにできないことはないはずです。状況が熟れてきたところで、航空各社がアライアンスごとに連携して「日中韓エアパス」の発売にまで至れば、相互作用が働いて、各国とも外国人旅行者が増大するでしょう。実現への調整は難しいでしょうが、スカンジナビア諸国のように「協力して競争する」ことが選択できるようになれば、お互いメリットは多いものです。

プレミアムクラスは、普通席とは違うんです

現在、この文を書いている場所は「石垣―羽田」ボーイング767のプレミアムクラス座席番号1D。先ほど羽田から乗ってきた同じ飛行機の折り返し便に、また乗っています。実は、この本、すべて飛行機の機内だけで書いています。校正、読み返しなどに限定して、「ANA SUITE LOUNGE」内で、青汁を炭酸で割りながら（8対2）作業してもよいという独自ルールも設定しています。

「羽田―石垣」便は、羽田発の国内線では最長区間で、下り便では3時間を超えます。往路の「羽田―石垣」行きの飛行機は普通席でした。早めに羽田空港へ到着して、プレミアムクラス空席待ち整理券「種別A　1番」を入手。1席でもキャンセルが出たら確実に自分に回ってくるなと、ココロの中でガッツポーズを決めていたのですが、搭乗口で「本日のプレミアムクラスは、ご予約頂いたお客様ですべて満席となっております。またのご利用をお待ちしております」となりました。渋々、プレミアムクラスと壁一枚隔てた普通席5Kに腰を下ろしました。

離陸後ベルト着用サインが消灯すると、キャビンアテンダントさんが、プレミアム

クラスと普通席の間のカーテンを閉めにやってきます。機種によっては、壁にある横長の隙間《すきま》にもパッタンとフタをして、普通席から前方のプレミアムクラスでこの先何が起こるのかまったく窺《うかが》い知れないように完全に目隠しをします。そもそも、壁の横長の隙間もわざわざフタなんか閉めにくるくらいなら、最初から全部壁にしておけばいいのにと思うのですが、これこそが、「プレミアムクラスは普通席とは違うんです」と、ことさら強調するための演出なのでしょう。飛行機の構造上とか、保安上ということでは決してありえない。ギミックです、演出です。ＡＮＡがローンチカスタマーの新造機、ボーイング７８７でさえ、わざわざ同様の構造にしていますから。

機体前方に10席しかないプレミアムクラスでは、普通席とカーテンで遮断された瞬間、おしぼり、スパークリングワインなどのアルコールを含むドリンクのサービスが始まり、続いて出発地の有名料亭の料理人や、一流ホテルのシェフのプロデュースによる、二段重ねのお弁当、スイーツなどが出てきます。カーテン越しに、ワインの瓶が触れあう音や、プレミアムモルツのアルミ缶のオープナーを、キャビンアテンダントさんが、プシュ！　と開ける音を耳にすると、戦いに負けたというよりは、ほとんど不戦敗の私にとって拷問《ごうもん》そのものに感じてしまいます。実質2時間半、おつまみをポリポリしながら、焼酎や日本酒をチビチビやったり、淹《い》れたてのスタバのコーヒーも何杯でもリクエスト自由。ああっ、なんと羨《うらや》ましい……食べものの恨みは恐ろしいものですから。

「羽田—伊丹」のような、離陸して30分ほどでまた降下を開始、サービス終了となってしまう短距離路線なら我慢できるのですが、国内線だというのに同料金で3時間近くもプレミアムなサービスが続く「羽田—石垣」で乗らなくて、いつ乗るというのでしょう。

往路で敗北、屈辱にまみれ、精神構造まで歪《ゆが》んでしまいかけた私が、奇跡的に復路の「石垣—羽田」のプレミアムクラスを手にすることができました。私の普段の行いがいかに優れているかとは関係なく、たまたま1席空いていただけだと思います。

しかも、通常は普通席からの差額8000円を徴収されるのに、私はこの差額を払うことなくプレミアムクラスに座っています。顔パスとか、なにか不適切な利益供与があるということでは断じてありません。搭乗がある一定のラインを超えると、それまでまったく目に入らなかったサービスが、急に見えるようになってくるのです。

なにもエアラインに限ったことではありません。ホテルや百貨店などでも同様のケースがあります。エアラインのステイタスの区分や、それによるサービスの違いを正しく理解するのは難しい。そのステイタスを達成して初めて明かされることがあまりに多く、航空会社か旅行代理店にでも入社して内々の事情を知らない限り、把握しにくい状況といえます。あまり公《おおやけ》に明かされず、コソッと運用しているケースが多いのです、コソッと。

ANAの場合、搭乗回数が増え、マイルとは別のプレミアムポイントというのが積算され、一定のラインを超えると、翌年、アップグレードポイントというご褒美《ほうび》が、WEBサイトに表示されるようになります。このアップグレードポイントを使って、国内線では普通席からプレミアムクラスに、国際線の場合はエコノミークラスからビジネスクラス、またはビジネスクラスからファーストクラスへとアップグレードすることができるようになります。8000円の差額を払わずとも、国内線の普通席からプレミアムクラスに乗れるのは、そういう理由からだったのです。

このアップグレードポイント利用には、複雑なルールがあり、国際線の割引運賃やツアーなどのチケットではアップグレードができなかったりします。「ダイヤモンドサービス」メンバー限定で、アップグレードポイント2倍利用なら、どんな運賃でもアップグレードして貰えるという大変親切な制度もあるのですが、この「ダイヤモンドサービス」メンバーというステイタスに到達するまでがなかなかどうして難儀なわけです。

くどいようですが、マイルを多く貯《た》めたら得られる資格ではありません。搭乗するたびに貯まるマイルとプレミアムポイントは、まったくの別ものです。くれぐれも、お間違いのないように。

全マイル没収

たかだか地球40周分くらい飛行機に乗ったところで、自らの経験を偉そうに語る資格など私にはありません。元キャビンアテンダントさんが書かれた、空の上で本当にあった……ようないい話ばかりではないことも、随分と経験しました。飛行機は、飛び立ってしまえば、完全な密閉空間です。怒りを通り越すほど異質な乗客の異常行動をも、横目でなんとか生あたたかく見守れるまでに成長しました。「ありがとう、飛行機さん」と言いたいくらいです。

冗談はさておき。私が搭乗する便に、なぜかしょっちゅう乗り合わせてしまう、年齢60歳代の男性がおりました。手にはいつも紙袋。威圧的な大声でキャビンアテンダントさんを捕まえては、長々と会話することが生き甲斐《がい》のような方です。後ろの席に座った有名タレントに、窓のシェードの開閉について説教したりもしていました。「沖止め」といって、ボーディングブリッジを使わず、到着ロビーまでバス移動する際、運転手に向かって「出発が遅い、もっと早く走れ！」などと怒鳴ったりさえしていました。品性下劣な男として遠ざけるのは簡単ですが、おそらくこれまで私が一度も会ったことのないタイプの人間であることから、観察対象になりました。正直なところ、ドキュメント番組を作るか、まるまる彼をモチーフにした本でも書いて、映画の原作にでもしてもらえればと考えたくなるほどキャラが立っています。その風貌《ふうぼう》からいつのまにやら「(レオナルド)熊《くま》」という愛称もついていました。

「どうぞ機内でお召し上がり下さいませ……」。普段ならそんなことを言うはずがないキャビンアテンダントさんに向かって、「栓を開けていないシャンパンを持ってきなさい！」と言い放ち、紙袋に詰めて持ち帰っていたりする光景などは序の口でまだ微笑ましかったのです。

かわいらしい新人のキャビンアテンダントさんなどは、離陸前から格好のターゲットとされました。他の乗客が不愉快に感じるほど、何度も呼び出しボタンを♬ピンポンピンポンピンポンピンポンと鳴らしたりと、その行動は常軌を逸していました。♬ピンポンポンピンポンピンポンポンと呼び出しボタンが連打できるということを、そのとき初めて知りました。それに合わせて、天井の青いランプがピコピコついたり消えたりします。

周りの客が凍り付き、とんだ便に乗り合わせてしまったなと諦《あきら》めるしかない状況は他にもあって、たとえば、ブランケットや枕《まくら》を直接床におき、わざわざ靴下を脱いでそこに裸足《はだし》を投げ出したりすることでした。機内食は喰い散らかし放題、壁と座席の隙間にゴミを詰め、新聞もわざわざここまでくしゃくしゃにするかという徹底ぶり。なにかちょっとでも気にくわないことがあれば、着陸態勢に入る頃、「コメントカードを持ってきなさい！」と威嚇《いかく》めいた声でキャビンアテンダントさんを呼びつけます。乗客にとっても、乗務員にとっても、とんだアンハッピーフライトなのでした。

決定的なトラブルに発展したのは、着陸後。毎度我先にと降りたがる習性から、なかなか開かないドアに業《ごう》を煮やす男がとった驚きの行動でした。キャビンアテンダントさんが本来行う、覗《のぞ》き窓に向かって親指を突き立て、地上の係員とコンタクトをとる動作をやってしまったのでした。遅延していて、次の乗り継ぎ便に遅れそうな場合は、このパターンをやりまくっていました。その場でチーフパーサーから「おやめ下さい」と何度も言われていましたから、確信犯でした。

やがて、この男の話題が、週刊誌のネタになるまでエスカレート。そもそも人間関係の構築がしづらい方でしたので、遅かれ早かれ航空会社が対応するだろうとは思っていました。搭乗の際、何度か別室に呼ばれて話し合いがなされたそうです。そして、ついに、「当該のお客様は、機内の快適性や運航の安全を損なう行為を繰り返しており、当社として注意を重ねたにもかかわらず反省の色がないことから、今後も同様の行為を繰り返す可能性が高いと判断し搭乗をお断りし、会員資格を停止しました」と相成りました。

搭乗時、機内のビデオで流れる「乗務員に対する威嚇、暴言、性的嫌がらせ、その他安全を阻害する行為」のすべてをコンプリートしていたその男を、以来、機内、空港で見かけることはなくなりました。ちなみに貯めこんでいた２４７万マイルは全て没収されたそうです。

ライバルは井《い》の頭《かしら》線

赤色と水色の、見慣れない飛行機の離発着訓練が盛んに行われていた大分空港。ホーバークラフトに乗るため同空港を訪れていた際、ブラジルの航空機メーカー、エンブラエル社製の小型ジェット旅客機が、タッチアンドゴーを繰り返していました。富士山静岡空港を拠点に、2009年から運航を開始したフジドリームエアラインズの機材でした。現在は、拠点を名古屋(小牧)空港にして地方路線を中心に運航しています。

特筆すべきは、1機ごとに色が異なるマルチカラーコンセプトを採用していることです。所有するエンブラエル170、175の7機のカラーは、一般からのアンケートで決まりました。公募とはいっても、ディレクションがしっかりしているようで、どの機体色も明度、彩度のセンスが抜群で、飛行機写真好きな「空美ちゃん」の間でも人気のようです。全色コンプリート撮影したくなります。

同じようなカラーリングを施している例では、京王電鉄井の頭線の車両があります。レインボーカラーと呼ばれ、昔も今も7色のカラーバリエーションで運行しています。

そもそも、塗装コストも、そのメンテナンスも間違いなく余分にかかるカラーリングをなぜ採用しているのか、明大前駅のホームにいた駅員さんに質問してみたところ「お客さんが車内に忘れ物をした時、何色の電車に乗っていたという記憶から、見つかる確率が高いんですよ」との答え。たしかに、なるほど、言われてみればそんな気がしなくもありません。

「では、なぜ京王線では同じようにやらないんですか」

「都営新宿線と相互乗り入れしていたり、特急や急行など列車種別も複雑だから7色とかやるとこんがらがっちゃうと思います、たぶん」

だそうです。公式見解ではありませんでしたが、なんとなく理解できたので、広報へは確認していません。

富士山が世界遺産に登録され、それに伴い注目度が高まるフジドリームエアラインズ。次の8機目は何色になるのか、元カーデザイナーとしては注目したいところです。

パラダイス山元と行くこだわり乗り物旅＆サンタウインターゲーム　北極圏7日間

毎年11月、スウェーデンのイェリヴァーレという北極圏の小さな町で「サンタクロースウインターゲーム大会」が開催されます。世界各国から予選を勝ち抜いたサンタクロースが集う、結構ガチな冬の運動会です。2年連続、準優勝という成績を残している日本の公認サンタクロースなのですが、昨年ついに総合4位という成績に甘んじて、体力の限界を感じました。

町の中心部で、大勢の地元民、観光客が見守る中、こんなことを……。

「トナカイのそりレース」
「ライスポリッジ（ミルク粥《がゆ》）の早食い」
「プレゼント袋の遠投」
「プレゼント袋を履いて100m走」
「クリスマス用品の的当て」

「クリスマスツリーのデコレーション」

「赤鼻のトナカイの自国語での歌唱」

「赤鼻の猛牛ロデオ」

毎年、この中から5つの競技が行われ、その年の世界No.1サンタクロースを選出します。この大会の出場に関しては、グリーンランド国際サンタクロース協会の公認サンタクロース資格より、はるかに条件は緩く、
①結婚していることがとても望ましい
②子どもがいることがとても望ましい
③サンタクロースに相応《ふさわ》しい体型（120kg以上）であることがとても望ましい
④男女性別、職業不問
⑤自宅を出発する時点からサンタクロースの衣裳《いしょう》のままで競技会場まで来ることしいてあげるなら、⑤が最も難儀でしょうか。日本からイェリヴァーレまでは、成田からコペンハーゲンへ向かい、飛行機を乗り継いでスウェーデンのストックホルムへ到着。その後アーランダ空港の敷地内に駐機している、シンガポール航空の機体として建造され、その後アメリカのパンナム、最後はスウェーデンのトランスジェット・エアウェイズで運航されていたジャンボ機747がそのままホテルになっている

「ジャンボステイ」に1泊。ストックホルムの市内観光をしたあと、北極圏へ向かってナルヴィークまで運行している、鉄道ファンに大人気の寝台特急「ノーランストーグ」に乗車、陸路1150km、14時間かけてイェリヴァーレに到着します。

サンタウインターゲームの前に、イェリヴァーレの主要産業の露天掘り鉱山の見学に向かいましょう。ビル10階建てに相当する巨大パワーショベルや、直径4m以上もある車輪の巨大ダンプカーが行き交う、すり鉢状の鉱山の最底辺へご案内されます。安心して下さい、おみやげ屋さん、売店などはありませんので。石を何個か拾ってくれば十分です。

復路はイェリヴァーレのラップランド空港から、ネクストジェット航空という名称ながら、ジェット機ではなく、プロペラ機に乗ります。運がよければオーロラが機内からも鑑賞できます。太陽の黒点の影響で、イェリヴァーレの駅前でもメラメラと緑色、黄色、紫色に変化するオーロラをハッキリ鑑賞することができました。実は、私自身納得のいくオーロラを見たのはこのときが初めてでした。その前の年までは、かすかに緑がかった空を指差して「あそこらへんがオーロラなんです」と現地のガイドさんから説明されたりしたのですが、釈然としませんでした。

オーロラを見られるかどうかは気象条件次第ですが、サンタクロースウインターゲーム大会は、確実に目撃することができます。トナカイのそりレースでは、サンタの流血という惨事が起きたりもして、氷点下25℃の屋外にしてはホットな大会で見どころが多いです。是非、公認サンタクロースと一緒に出かけましょう。

トナカイのコスプレでの飛行機の乗り方、および其の他出入国に関する注意事項は、出発時、成田空港第1ターミナル4階にて、私から直接ご説明いたします。

※2016年に、サンタウインターゲームは閉幕しました

アントニオカルロス初便

鉄道の1番列車は大変人気があります。東横線の副都心線乗り入れの際も、朝の始発1番電車に、これでもかと鉄道ファンがすし詰め状態で乗っていたのをニュースで目にしました。ご苦労なことです。私自身、ずっと鉄道ファンでいたのなら、確実にこの中に乗り込んでいたんだろうなと、胸を撫《な》で下ろしていました。

それに比べると、飛行機の初便狙《ねら》いのマニアは、それほどの数ではありません。セレモニーを行う搭乗口付近は、予約していなければ入ることができない制限区域ですし、なにより空港の展望デッキで写真撮影に興じるファンが多いからです。

特に私は初便マニアというわけではないのですが、いつからかおみやげに釣られて乗るようになってしまいました。初便や記念フライトに搭乗すると、必ず、のし紙のついた「搭乗記念品」を頂いて帰ります。貰《もら》えないより、貰っておいた方がよいという卑《いや》しい根性がここへきて炸裂《さくれつ》中で、ここ最近乗った初便は、

「石垣─那覇」ＡＮＡ　新石垣空港開港初便
「熊本─熊本」天草エアライン新塗装機初就航記念プレミアムフライト

「成田―ミュンヘン―成田」ＡＮＡ　定期便初就航
「羽田―北京―羽田」ＡＮＡ　定期便初就航
「成田―ニューデリー」ＡＮＡ　定期便初就航
「仁川《インチョン》―茨城―仁川」アシアナ航空　茨城空港開港初便
「成田―マニラ」ＡＮＡ　定期便初就航
「札幌―静岡―沖縄―静岡―札幌」ＡＮＡ　静岡空港開港初便
「羽田―岡山―羽田」ＡＮＡ　７８７国内線定期便初就航
「羽田―北京―羽田」ＡＮＡ　７８７国際線初就航便
「羽田―フランクフルト―羽田」ＡＮＡ　７８７国際線定期便初就航

と、鉄道ファンからはキッチリ足を洗ったはずなのに、そのまま飛行機で同じような趣味にスライドしてるだけと思われても仕方がない感じになってしまってます。

どこからも頼まれていないのに、わざわざ公認サンタクロースの衣裳を着て搭乗した「茨城空港開港　仁川―茨城―仁川」と「７８７国内線定期便初就航　羽田―岡山―羽田」は、我が身にとっても刺激が強過ぎました。

日本古来より伝わる祝事に張られる紅白幕とごっちゃになり、まるでめでたさのシンボルのように崇《あが》め奉《たてまつ》られて、仁川空港では搭乗口でお祝いのスピーチをするハメになりました。ただの搭乗客だったのに。

「公認サンタクロースアジア代表は、プレゼント輸送の経路の確認をしにきました」とか言って、その場を切り抜けました。茨城行きの一番機に乗ると、隣にアシアナ航空のCEOが座っておりました。クリスマスの起源についてのお話などはしませんでした。

「787国内線定期便初就航　羽田―岡山―羽田」では、待ちに待った787の正式なデビューということもあって、ANA会長自ら、飛行機の前で記念の垂れ幕を持って立っておられました。タラップを上る前に、せっかくなので、

「トナカイの代わりに、よく使わせて頂いております」

とご挨拶《あいさつ》させて頂きましたところ、目を丸くされて驚いておりました。タラップを上がって行って、地上側を振り返ると大勢の報道陣がカメラを構えていて、こちらに手を振っているではありませんか。もちろん、それに応《こた》えるように手を振り返していたら、『日本の航空年鑑　2011―2012』の表紙になってしまっておりました。

それくらい、おめでたい写真でした。

この787の機内は、当初は静かながらもやはり異様なムードで、もう、航空マニアのソワソワ具合がたまりませんでした。離陸の際、地上から離れた瞬間、ピアニシ

モから徐々に打ち寄せる波のようなフォルティシモの拍手、喝采《かっさい》が湧き起こり、祝賀ムードは最高潮に達しました。離陸の間は電子機器類の使用が禁止されているので、誰もその様子は記録していないでしょうから、乗り合わせた乗客たちのココロにだけ刻み込まれた、それはそれは大変よい思い出となりました。

最新式のウォシュレット搭載トイレの中を撮影したいのか、ドリンクサービスが始まる前からすでに、すべてのトイレ前は大渋滞。本当に入りたかったはずの名誉会長が、ずっと行列の最後尾で待っておられた姿が印象的でした。

機長の初便搭乗客へのアナウンスを録音しようと、伸縮式の竿《さお》にマイクを取り付けて天井のスピーカーに付ける強者《つわもの》もおりました。こういうお祭り騒ぎになるフライトは珍しく、一般的に新規就航路線の初便に乗ってもここまでの盛り上がりはありません。

787は、納入5年待ちの新機材ですから、チケット争奪戦の激しさといったらありませんでした。国際線チケットに国内線を付け足す方法で2ケ月以上前から予約を入れてみたり、「ダイヤモンドサービス」デスクのオペレーターに空席待ちを懇願したりと、機内ではどうやって予約を勝ち取ったか、お互いの手の内を明かしあったりして大いに盛り上がりました。一部の鉄道ファンに見受けられる、自分だけよければいいとか、こんな情報他人には絶対教えられるもんか、といったケチな根性の搭乗客はいなかったような気がします。飛行機の初便乗りは、心にもお財布にも余裕がある人（私を除く）が多いのでしょうか。

できるサラリーマンは違うんです。あっ、とっくに……というか23年前にサラリーマン辞めていました。

空港書店

以前、飛行機に乗る直前には必ず本を買っていました。たとえば、伊丹空港の制限区域内の9番、10番搭乗口前にある、おみやげ屋さんのような本屋さん「スカイブック」。ここに置いてある文庫本はハズレがありません。品揃《しなぞろ》えは、まさにこれから東京へ帰る、出発するというビジネス客の脳天をついたストレートな話題作や、東京の旅行ガイド、雑誌など。長年の経験による的確なセレクト、リッチな立地、ツボを押さえたレイアウトなど、存在そのものが、ビジネス書のネタになりそうな本屋さんです。

羽田空港第一旅客ターミナル地下1階、京浜急行への駅へつながるコンコースにあった「ブックスフジ」は航空マニアの聖地の名をほしいままにした老舗《しにせ》書店でした。マニアのためなのか、現役の乗務員のためなのか、キャビンアテンダントを目指す就活女子のためなのか、「航空法」をはじめとする法令書や、航路図、写真集、手帳、カレンダーまで、飛行機に関する何もかもが、コンパクトにレイアウトされていました。タイトルを店員さんに告げるだけで、平均5秒以内でお渡し完了。

羽田空港第一旅客ターミナル3階の「山下書店」は、幅広いジャンルで街中の書店に引けを取りません。早朝6時30分開店もありがたいです。羽田空港第二旅客ターミナル地下1階「田辺書店」は、ビジネス書、『地球の歩き方』など旅行ガイド、文庫、新書と、オールジャンルをバランスよく陳列。「月刊エアライン」をはじめ、飛行機関連の雑誌も大量に入荷しています。この本屋さんで「ヤマモトさん！」と、突然後ろから声をかけられたことがありました。前日に「羽田―札幌」を3回往復した際、1往復ご一緒させて頂いたCAさんでした。勤務直後の制服の上にカーディガン姿という方がとくに多い気がするのは気のせいかしら。

あ、各書店担当者の皆様、『飛行機の乗り方』末永く平積みよろしくです。

※ブックスフジは2017年に閉店

39W×13L、224頁《ページ》

風船割りゲームのような緊張感と気圧差による脳内の活性化で、機内で仕事をすると俄然《がぜん》はかどってしまう私です。飛行機に乗ってほどなくすると、キャビンアテンダントさんから、「ドアが閉まりました。すべての電子機器の電源をお切り下さい」と、宣告があります。ここからが勝負どころです。

あらかじめポケットに入れておいた、四つ折りにしたA4サイズの紙に、パソコンが使えるようになったらスグに打ち込めるよう、片っ端から思いついたことやアイデアをメモしていきます。まったくなにも思いつかなかったら、とりあえず機内誌を手に取ります。効果がなかったら、次は機内販売の冊子を捲《めく》ります。

依頼内容にもよりますが、雑誌のコラム、餃子《ギョウザ》レシピなどのテキストを書くのに、話のつかみだったり、ウォーミングアップだと思って聴くと意外に役に立つのが、オーディオサービスの「落語チャンネル」です。寄席《よせ》には何年も行ってませんが、機内の落語だけは毎月しっかり拝聴しています。いいですね、日本の話芸は。ANAの「落語チャンネル」の番組テーマ音楽「12番街のラグ」「マイブルーヘブン」が、寄席のお囃子《はやし》さんによって演奏されているのも、とても好きです。
ベルト着用サインが消えたら、本格的に仕事スタートです。否応《いやおう》なく集中
「羽田―伊丹」なんて、25分で再び着陸態勢に入ってしまいますから、
することができます。
飛行中にどのくらい打てるか、ある程度把握できるようになったら、今度はテキス
ト量から、路線を選択します。1頁39字詰めで13行、224頁の『飛行機の乗り方』
の場合、「羽田―沖縄」ならほぼ10タッチ、「羽田―伊丹」なら60タッチという具合。
本書は、国際線+国内線の合わせ技によって書かれています。「羽田―シンガポール」
「羽田―バンコク」「羽田―フランクフルト」の各往復+国内線28区間でした。本書の
執筆により、来年度のANA「プラチナサービス」メンバーが確定しました。

※文庫版の文字組は、38字×16行に変更されています

マイナートラブル

エアライン自慢のエメラルドマウンテンコーヒーも、100%りんごジュースも頂かずに爆睡していて、目が覚めると長崎空港が見えてきました。長崎空港は日本初の海上空港。関空、神戸、セントレアなどの元祖です。上空から眺めると、滑走路を挟んでターミナルの反対側にある丘の向こうに中型機がいつも停まっています。全体的にベージュっぽい塗装で、見るたびに、どこの航空会社の機体だろう？　と疑問に思っていました。その驚くようなヒミツを知ったのは「FLY！FLY！FLY！」というBSの番組でした。その機体は、航空機火災消火演習専用の機体だったのです。様々なシチュエーションの中で、航空燃料が自動供給され瞬《また》く間に炎上。それを消防士が消火活動にあたるという驚くべき訓練が、人知れず日々繰り広げられているのです。まぁ、そんなことは直接自分には関係のないことなので、心の中で、「消防士の皆さんお疲れさまです、ご苦労さマンボ、うっ！」とか、つぶやいたりなんかしているうち、飛行機は着陸しました。ソフトランディングでした。

しかし、そのソフトランディングの最中に、いきなりエンジン全開で再び急上昇を始めたのです。機内が軽くざわつきました。

「お客様にご案内いたします。飛行機は再び上昇いたしました。お急ぎのところ誠に恐れ入りますが、詳しい情報が入り次第お伝えいたしますので、お席にお座りになったままでお待ち下さい。皆様のご到着が遅れますことをお詫《わ》び申しあげます。レディースアンドジェントルメン……」

キャビンアテンダントさんは、イレギュラーが起きると決まって冷静になります。そういうふうに訓練されていますから。直後に流暢《りゅうちょう》な英語で操縦室から機長のアナウンスが始まりました。この便の機長は外国人、副操縦士が日本人。話の途中に、「デイス　エアクラフト　マイナー　トラブル　ハプン」というセンテンスが聞こえた瞬間、完全に目が覚めました。

「現在、地上と連絡を取り合って不具合箇所をなんとかかんとか……」と、早口な英語のスピーチ。ヒアリング能力が中学生レベルの私でも、「なんだか想定外のトラブルが起こっちゃったんだけど、地上と交信しながら、この先も着陸まで一生懸命やってみるから、シートベルト締めて座っとれや！」という感じであることがわかりました。その後再びキャビンアテンダントさんが、その機長のアナウンスを、またーりと意訳。

「重ねまして、ただいま機長○○からの報告によりますと、当機は現在再び着陸の準備をしております。お席にお着きになり、シートベルトをお締め下さい……」

本当に、本当にそれだけかい……。その後、長崎空港の上空を旋回、再び空港の真上を通過した際、戦慄《せんりつ》が……。消防車が赤色灯を光らせながら車庫から前進、滑走路脇《わき》で待機しているではありませんか。空港と本土をつなぐ連絡橋上にも、消防車、救急車の姿が確認できました。

飛行機事故で命を落とす覚悟は、実はできています。病気で長いこと苦しんで死ぬよりは、好きな飛行機で一瞬で逝《い》った方がラクなのでは。それよりなにより、残された家族が「パパ、交通事故でじゃなくて、飛行機事故で本当にヨカッタ、ヨカッタ」と言ってくれて、毎年命日には、私がコツコツと貯めたマイルを使って、家族でどこか旅行にでも行ってくれるというのが私の理想の死に方です。

一方的な貰い事故の交通事故で死ぬよりも、旅行中の飛行機事故の方が、はるかに死亡補償金が多いと思いますし、といってもそんなことは経験したことがないけれど、たぶんクレジットカードに付帯された保険とかを諸々《もろもろ》合わせると、子ども全員が大学卒業するまではなんとかなるのではないか、などと機内で漠然と考え始めました。

でも、なぜよりによってこんな大事な時に限って、いつものＡＮＡ便ではなく、普段あまり乗らない航空会社の便に乗ってしまったんだと。会社規模から言うと、明らかに補償額が減るのではないかという不安が胸を過《よぎ》りました。残された遺族の補償交渉が決裂して、裁判とかになって長引いたらキツそうだ……なども。

生まれて初めて、家族に宛《あ》てた遺書というものを飛行機の中で書きました。

遺書

パラダイス家のみんなへ　こんにちは、パパです。

この手紙をみんなが読んでいる頃は、パパは三途《さんず》の川の上空を高度3万5000フィート、対地速度877km／hで天国へ向かっている最中かな？

まさか、飛行機好きなパパが、飛行機に乗ったままあの世へ行くことになろうとは、パパの予想どおりというか、あまりに想定内なことで自分自身驚いています。

パパの乗っている飛行機は、長崎空港の上をぐるぐるせんかい中です。滑走路の脇には、消防車が赤色灯を回しながら待機しています。

いったん着陸したのですが、すぐにまた離陸しました。外国人の機長○○さんは、計器のマイナートラブルが発生したとか言ってました。ちゃんとこうして遺書が書けるほど20分以上も飛んでいるので、もしかしたら生きて帰ることになるかもしれないのですが、もう死んでしまったことを前提に書き始めてしまったのでこのまま続けます。

パパの人生は、本当に幸せでした。

日々、怒ったり、泣いたり、笑ったり、ときにみんなから「暴力サンタ！」とか言われたりもしたけど、みんなといっしょに、わいわいがやがやしていた時間が、とても貴重だったと、今さらながら感じています。みんな将来のことなんてまだ考えられないと思うけど、早めに目標を決めてスタートして下さい。時間は、思いのほかアーーーッ、うっ！　という間に過ぎていきますからね。

　それから、ママにお願いがあります。

嫌かもしれませんが、パパの命日には、どうかみんなで飛行機で旅行に出かけて下さい。それが天国のパパにもっとも近づくことになるでしょうから。

　パパのマイルは、ママのカードに全部移行させることができるはずです。ママに内緒で飛行機に乗った分も含めて現在２００万マイルあります。しばらくは、これを特典航空券に換えたりすれば、海外でも国内でも好きなところに行けると思います。ただ、特典枠とか予約の開始時期などいろいろ制限もありますから、通夜《つや》か葬式の際に訪れた、飛行機の中で仲よくなった××さんや◇◇さんからいろいろ教えてもらって下さい。きっと親切に教えてくれるはずです。あと、おサイフケータイにも、佐賀空港のキャンペーンで貯めたEdyが1万8000円分残っていますので、コンビニで使い切って下さい。こんなことが起きたのに飛行機なんかに乗りたくないという気持ち、わからないわけではありませんが、どうかひとつ供養《くよう》だと思って我慢しつつも楽しんで旅行してきて下さい。

仕事でお世話になった方々には、カオスな宝の山を分ける会を開いて下さい。こんな日のために「マンボなもの行き先リスト」が机のマットの下のハッピーフライトのクリアホルダーに入っています。パーカッション講座、マン盆栽講座に集まってくれた生徒の皆さんには、それぞれ追悼Tシャツを配ってあげて下さい。イラストは、ソリマチアキラさんにお願いしてみてもらえませんか？

葬式らしい葬式は希望しません。できればマンボボーイズで盛り上がった、渋谷公会堂か、渋谷のクアトロでマンボ葬を開催して下さい。真夏にマンボなDJで大賑《おおにぎ》わいだったホテルニューオータニのプールサイドを貸し切れたらもう言うことありません。

公認サンタさんたちには、簡単な英語でいいですから、飛行機事故で死んでしまったとBCCメール、一部FAXで伝えてあげて下さい。あっ、ではまた着陸態勢に入りました。みんな仲よく、パパのママを守ってあげてね。では、行ってきます。30分あると、意外にいろいろ書けるものだということがわかりました。わかったところで、遅いのですが……あとマン盆栽の水やりもよろしく！

パパより　愛するパラダイス家のみんなへ

＊

この紙を、いったいどこに入れておけばいいんだと悩んでいるうち、消防車が待ち受ける中、飛行機は再び着陸態勢に入り、その後何事もなかったように無事滑走路に降りたちました。

「皆様の長崎空港到着が遅れまして、大変ご迷惑をおかけいたしましたことを、重ねてお詫び申し上げます。また機内でお目にかかることを……」

いや、もうお目にかかりたくないですから。

889	2009.06.12	羽田-八丈島	NH0829
890	2009.06.12	八丈島-大島	NH0850
891	2009.06.12	大島-羽田	NH0844
892	2009.06.12	羽田-宇部	NH0696
893	2009.06.12	宇部-羽田	NH0698
894	2009.06.12	羽田-千歳	NH0077
895	2009.06.12	千歳-羽田	NH0082
896	2009.06.13	羽田-伊丹	NH0013
897	2009.06.13	伊丹-高知	NH1603
898	2009.06.13	高知-伊丹	NH1604
899	2009.06.13	伊丹-福岡	NH0423
900	2009.06.13	福岡-福江	NH4917
901	2009.06.13	福江-福岡	NH4918
902	2009.06.13	福岡-対馬	NH4937
903	2009.06.13	対馬-福岡	NH4938
904	2009.06.13	福岡-羽田	NH0264
905	2009.06.13	羽田-千歳	NH0079
906	2009.06.13	千歳-羽田	NH4728
907	2009.06.14	羽田-長崎	NH3731
908	2009.06.14	長崎-羽田	NH0662
909	2009.06.14	羽田-千歳	NH0061
910	2009.06.14	千歳-羽田	NH0064
911	2009.06.14	羽田-小松	NH0755
912	2009.06.14	小松-羽田	NH0758
913	2009.06.14	羽田-福岡	NH0267
914	2009.06.14	福岡-羽田	NH0990
915	2009.06.16	羽田-庄内	NH0893
916	2009.06.16	庄内-羽田	NH0896
917	2009.06.16	羽田-千歳	NH4715
918	2009.06.16	千歳-羽田	NH0062
919	2009.06.16	羽田-宮崎	NH3757
920	2009.06.16	宮崎-羽田	NH3760
921	2009.06.16	羽田-千歳	NH0079
922	2009.06.16	千歳-羽田	NH0970
923	2009.06.17	羽田-長崎	NH3731
924	2009.06.17	長崎-羽田	NH0662
925	2009.06.17	羽田-大分	NH0193
926	2009.06.17	大分-羽田	NH0198
927	2009.06.17	羽田-千歳	NH4719
928	2009.06.17	千歳-羽田	NH4722
929	2009.06.17	羽田-福岡	NH0267
930	2009.06.17	福岡-羽田	NH0990
931	2009.06.18	羽田-福岡	NH0981
932	2009.06.18	福岡-中部	NH0216
933	2009.06.18	中部-旭川	NH0325
934	2009.06.18	旭川-中部	NH0326
935	2009.06.18	中部-福岡	NH0231
936	2009.06.18	福岡-羽田	NH0272
937	2009.06.19	羽田-長崎	NH3731
938	2009.06.19	長崎-羽田	NH0662
939	2009.06.19	羽田-千歳	NH0061
940	2009.06.19	千歳-羽田	NH0064
941	2009.06.19	羽田-小松	NH0755
942	2009.06.19	小松-羽田	NH0758
943	2009.06.19	羽田-福岡	NH0267
944	2009.06.19	福岡-羽田	NH0990
945	2009.06.20	羽田-長崎	NH3731
946	2009.06.20	長崎-羽田	NH0662
947	2009.06.20	羽田-鹿児島	NH0623
948	2009.06.20	鹿児島-羽田	NH0626
949	2009.06.21	羽田-長崎	NH3731
950	2009.06.21	長崎-羽田	NH0662
951	2009.06.21	羽田-千歳	NH0061
952	2009.06.21	千歳-羽田	NH0064
953	2009.06.21	羽田-小松	NH0755
954	2009.06.21	小松-羽田	NH0758
955	2009.06.22	羽田-長崎	NH3731
956	2009.06.22	長崎-羽田	NH0662
957	2009.06.22	羽田-大分	NH0193
958	2009.06.22	大分-羽田	NH0198
959	2009.06.22	羽田-小松	NH0755
960	2009.06.22	小松-羽田	NH0758
961	2009.06.22	羽田-福岡	NH0267
962	2009.06.22	福岡-羽田	NH0990
963	2009.06.23	羽田-庄内	NH0893
964	2009.06.23	庄内-羽田	NH0896
965	2009.06.23	羽田-千歳	NH4715
966	2009.06.23	千歳-羽田	NH0062
967	2009.06.23	羽田-宮崎	NH3757
968	2009.06.23	宮崎-羽田	NH3760
969	2009.06.23	羽田-福岡	NH0267
970	2009.06.23	福岡-羽田	NH0990
971	2009.06.24	羽田-千歳	NH0051
972	2009.06.24	千歳-羽田	NH0054
973	2009.06.24	羽田-高知	NH0563
974	2009.06.24	高知-羽田	NH0566
975	2009.06.24	羽田-小松	NH0755
976	2009.06.24	小松-羽田	NH0758
977	2009.06.24	羽田-福岡	NH0267
978	2009.06.24	福岡-羽田	NH0990
979	2009.06.25	羽田-長崎	NH3731
980	2009.06.25	長崎-羽田	NH0662
981	2009.06.25	羽田-大分	NH0193
982	2009.06.25	大分-羽田	NH0198
983	2009.06.25	羽田-福岡	NH0257
984	2009.06.25	福岡-羽田	NH0264
985	2009.06.25	羽田-千歳	NH0079
986	2009.06.25	千歳-羽田	NH4728
987	2009.06.26	羽田-石見	NH0575
988	2009.06.26	石見-羽田	NH0576
989	2009.06.26	羽田-大分	NH0193
990	2009.06.26	大分-羽田	NH0198
991	2009.06.26	羽田-小松	NH0755
992	2009.06.26	小松-羽田	NH0758
993	2009.06.27	羽田-長崎	NH3731
994	2009.06.27	長崎-羽田	NH0662
995	2009.06.27	羽田-大分	NH0193
996	2009.06.27	大分-羽田	NH0198
997	2009.06.27	羽田-福岡	NH0257
998	2009.06.27	福岡-伊丹	NH0428
999	2009.06.27	伊丹-福岡	NH1679
1000	2009.06.27	福岡-羽田	NH0990
1001	2009.06.28	羽田-長崎	NH3731
1002	2009.06.28	長崎-羽田	NH0662
1003	2009.06.28	羽田-大分	NH0193
1004	2009.06.28	大分-羽田	NH0198
1005	2009.06.28	羽田-福岡	NH0257
1006	2009.06.28	福岡-羽田	NH0264
1007	2009.06.28	羽田-福岡	NH0267
1008	2009.06.28	福岡-羽田	NH0990
1009	2009.06.29	羽田-千歳	NH0051
1010	2009.06.29	千歳-羽田	NH4714
1011	2009.06.29	羽田-大分	NH0193
1012	2009.06.29	大分-羽田	NH0198
1013	2009.06.29	羽田-福岡	NH0257
1014	2009.06.29	福岡-中部	NH0230
1015	2009.06.29	中部-福岡	NH0235
1016	2009.06.29	福岡-羽田	NH0990
1017	2009.06.30	羽田-千歳	NH0051
1018	2009.06.30	千歳-羽田	NH4714
1019	2009.06.30	羽田-千歳	NH0061
1020	2009.06.30	千歳-羽田	NH0064
1021	2009.06.30	羽田-小松	NH0755
1022	2009.06.30	小松-羽田	NH0758
1023	2009.06.30	羽田-福岡	NH0267
1024	2009.06.30	福岡-羽田	NH0990

709	2009.05.12	大分-羽田	NH0198
710	2009.05.12	羽田-千歳	NH0967
711	2009.05.12	千歳-羽田	NH0072
712	2009.05.12	羽田-福岡	NH0267
713	2009.05.12	福岡-羽田	NH0990
714	2009.05.13	羽田-千歳	NH0053
715	2009.05.13	千歳-羽田	NH0056
716	2009.05.13	羽田-福岡	NH0253
717	2009.05.13	福岡-羽田	NH0258
718	2009.05.13	羽田-福岡	NH0265
719	2009.05.13	福岡-羽田	NH0272
720	2009.05.14	羽田-長崎	NH3731
721	2009.05.14	長崎-羽田	NH0662
722	2009.05.14	羽田-熊本	NH0645
723	2009.05.14	熊本-羽田	NH0646
724	2009.05.15	羽田-鹿児島	NH0621
725	2009.05.15	鹿児島-羽田	NH0624
726	2009.05.15	羽田-福岡	NH0267
727	2009.05.15	福岡-羽田	NH0990
728	2009.05.16	羽田-福岡	NH0981
729	2009.05.16	福岡-羽田	NH0244
730	2009.05.16	羽田-千歳	NH0061
731	2009.05.16	千歳-羽田	NH0966
732	2009.05.16	羽田-宮崎	NH3757
733	2009.05.16	宮崎-羽田	NH3760
734	2009.05.16	羽田-福岡	NH0267
735	2009.05.16	福岡-羽田	NH0990
736	2009.05.18	羽田-福岡	NH0981
737	2009.05.18	福岡-羽田	NH0244
738	2009.05.18	羽田-大分	NH0193
739	2009.05.18	大分-羽田	NH0198
740	2009.05.18	羽田-千歳	NH0967
741	2009.05.18	千歳-羽田	NH0072
742	2009.05.18	羽田-千歳	NH0079
743	2009.05.18	千歳-羽田	NH4728
744	2009.05.19	羽田-福岡	NH0981
745	2009.05.19	福岡-羽田	NH0244
746	2009.05.19	羽田-千歳	NH0967
747	2009.05.19	千歳-羽田	NH0072
748	2009.05.19	羽田-千歳	NH0967
749	2009.05.19	千歳-羽田	NH0072
750	2009.05.19	羽田-千歳	NH0079
751	2009.05.19	千歳-羽田	NH0970
752	2009.05.21	羽田-長崎	NH0661
753	2009.05.21	長崎-羽田	NH0664
754	2009.05.21	羽田-熊本	NH0645
755	2009.05.21	熊本-羽田	NH0646
756	2009.05.22	羽田-広島	NH0671
757	2009.05.22	広島-羽田	NH0674
758	2009.05.22	羽田-千歳	NH0061
759	2009.05.22	千歳-羽田	NH0966
760	2009.05.22	羽田-千歳	NH0967
761	2009.05.22	千歳-羽田	NH0072
762	2009.05.24	羽田-福岡	NH0981
763	2009.05.24	福岡-羽田	NH0244
764	2009.05.24	羽田-千歳	NH0061
765	2009.05.24	千歳-羽田	NH0966
766	2009.05.24	羽田-宮崎	NH3757
767	2009.05.24	宮崎-羽田	NH3760
768	2009.05.24	羽田-福岡	NH0267
769	2009.05.24	福岡-羽田	NH0990
770	2009.05.25	羽田-千歳	NH0051
771	2009.05.25	千歳-羽田	NH4714
772	2009.05.25	羽田-千歳	NH0061
773	2009.05.25	千歳-羽田	NH0966
774	2009.05.25	羽田-宮崎	NH3757
775	2009.05.25	宮崎-羽田	NH3760
776	2009.05.25	羽田-福岡	NH0267
777	2009.05.25	福岡-羽田	NH0990
778	2009.05.26	羽田-伊丹	NH0015
779	2009.05.26	伊丹-大分	NH0183
780	2009.05.26	大分-羽田	NH0196
781	2009.05.26	羽田-熊本	NH0645
782	2009.05.26	熊本-羽田	NH0646
783	2009.05.26	羽田-福岡	NH0265
784	2009.05.26	福岡-羽田	NH0272
785	2009.05.27	羽田-福岡	NH0981
786	2009.05.27	福岡-羽田	NH0244
787	2009.05.27	羽田-千歳	NH0061
788	2009.05.27	千歳-羽田	NH0966
789	2009.05.27	羽田-宮崎	NH3757
790	2009.05.27	宮崎-羽田	NH3760
791	2009.05.27	羽田-福岡	NH0267
792	2009.05.27	福岡-羽田	NH0990
793	2009.05.28	羽田-広島	NH0671
794	2009.05.28	広島-羽田	NH0674
795	2009.05.28	羽田-千歳	NH0061
796	2009.05.28	千歳-羽田	NH0966
797	2009.05.28	羽田-宮崎	NH3757
798	2009.05.28	宮崎-羽田	NH3760
799	2009.05.28	羽田-福岡	NH0267
800	2009.05.28	福岡-羽田	NH0990
801	2009.05.29	羽田-千歳	NH0051
802	2009.05.29	千歳-羽田	NH4714
803	2009.05.29	羽田-千歳	NH0061
804	2009.05.29	千歳-羽田	NH0966
805	2009.05.29	羽田-宮崎	NH3757
806	2009.05.29	宮崎-羽田	NH3760
807	2009.05.29	羽田-福岡	NH0267
808	2009.05.29	福岡-羽田	NH0990
809	2009.05.30	羽田-福岡	NH0981
810	2009.05.30	福岡-羽田	NH0244
811	2009.05.30	羽田-千歳	NH0061
812	2009.05.30	千歳-羽田	NH0966
813	2009.05.30	羽田-千歳	NH0069
814	2009.05.30	千歳-羽田	NH4722
815	2009.05.30	羽田-福岡	NH0267
816	2009.05.30	福岡-羽田	NH0990
817	2009.06.01	羽田-長崎	NH0661
818	2009.06.01	長崎-羽田	NH0666
819	2009.06.01	羽田-八丈島	NH0829
820	2009.06.01	八丈島-羽田	NH0830
821	2009.06.02	羽田-長崎	NH3731
822	2009.06.02	長崎-羽田	NH0662
823	2009.06.02	羽田-大分	NH0193
824	2009.06.02	大分-羽田	NH0198
825	2009.06.02	羽田-小松	NH0755
826	2009.06.02	小松-羽田	NH0758
827	2009.06.02	羽田-福岡	NH0267
828	2009.06.02	福岡-羽田	NH0990
829	2009.06.03	羽田-鹿児島	NH0619
830	2009.06.03	鹿児島-羽田	NH0622
831	2009.06.03	羽田-千歳	NH0071
832	2009.06.03	千歳-羽田	NH0074
833	2009.06.04	羽田-千歳	NH0051
834	2009.06.04	千歳-静岡	NH0782
835	2009.06.04	静岡-沖縄	NH0783
836	2009.06.04	沖縄-静岡	NH0784
837	2009.06.04	静岡-千歳	NH0781
838	2009.06.04	千歳-羽田	NH0082
839	2009.06.05	羽田-千歳	NH0051
840	2009.06.05	千歳-静岡	NH0782
841	2009.06.05	静岡-沖縄	NH0783
842	2009.06.05	沖縄-宮古	NH1727
843	2009.06.05	宮古-沖縄	NH1728
844	2009.06.05	沖縄-鹿児島	NH0478
845	2009.06.05	鹿児島-羽田	NH3782
846	2009.06.06	羽田-長崎	NH3731
847	2009.06.06	長崎-羽田	NH0662
848	2009.06.06	羽田-千歳	NH0061
849	2009.06.06	千歳-羽田	NH0064
850	2009.06.06	羽田-小松	NH0755
851	2009.06.06	小松-羽田	NH0758
852	2009.06.06	羽田-福岡	NH0267
853	2009.06.06	福岡-羽田	NH0990
854	2009.06.07	羽田-長崎	NH3731
855	2009.06.07	長崎-羽田	NH0662
856	2009.06.07	羽田-千歳	NH0061
857	2009.06.07	千歳-小松	NH0382
858	2009.06.07	小松-羽田	NH0756
859	2009.06.08	羽田-長崎	NH3731
860	2009.06.08	長崎-羽田	NH0662
861	2009.06.08	羽田-千歳	NH0061
862	2009.06.08	千歳-羽田	NH0064
863	2009.06.08	羽田-小松	NH0755
864	2009.06.08	小松-羽田	NH0758
865	2009.06.08	羽田-福岡	NH0267
866	2009.06.09	福岡-羽田	NH0240
867	2009.06.09	羽田-宮崎	NH0603
868	2009.06.09	宮崎-羽田	NH0608
869	2009.06.09	羽田-熊本	NH0645
870	2009.06.09	熊本-羽田	NH0646
871	2009.06.09	羽田-福岡	NH0265
872	2009.06.09	福岡-羽田	NH0272
873	2009.06.10	羽田-長崎	NH3731
874	2009.06.10	長崎-羽田	NH0662
875	2009.06.10	羽田-千歳	NH0061
876	2009.06.10	千歳-羽田	NH0064
877	2009.06.10	羽田-伊丹	NH0033
878	2009.06.10	伊丹-羽田	NH0036
879	2009.06.11	羽田-長崎	NH3731
880	2009.06.11	長崎-羽田	NH0662
881	2009.06.11	羽田-千歳	NH0061
882	2009.06.11	千歳-羽田	NH0064
883	2009.06.11	羽田-小松	NH0755
884	2009.06.11	小松-羽田	NH0758
885	2009.06.11	羽田-福岡	NH0267
886	2009.06.11	福岡-羽田	NH0990
887	2009.06.12	羽田-広島	NH0671
888	2009.06.12	広島-羽田	NH0674

529 2009.04.08 千歳-羽田 NH4728
530 2009.04.09 羽田-福岡 NH0263
531 2009.04.09 福岡-羽田 NH0268
532 2009.04.10 羽田-長崎 NH0661
533 2009.04.10 長崎-羽田 NH0664
534 2009.04.10 羽田-熊本 NH0645
535 2009.04.10 熊本-羽田 NH0646
536 2009.04.11 羽田-千歳 NH0053
537 2009.04.11 千歳-羽田 NH0056
538 2009.04.11 羽田-千歳 NH0065
539 2009.04.11 千歳-羽田 NH0068
540 2009.04.11 羽田-広島 NH0683
541 2009.04.11 広島-羽田 NH0686
542 2009.04.12 羽田-熊本 NH0641
543 2009.04.12 熊本-羽田 NH0644
544 2009.04.12 羽田-千歳 NH0065
545 2009.04.12 千歳-関西 NH1716
546 2009.04.13 関西-羽田 NH0974
547 2009.04.14 羽田-福岡 NH0241
548 2009.04.14 福岡-羽田 NH0248
549 2009.04.14 羽田-千歳 NH0063
550 2009.04.14 千歳-羽田 NH4720
551 2009.04.14 羽田-福岡 NH0259
552 2009.04.14 福岡-沖縄 NH0493
553 2009.04.14 沖縄-羽田 NH0994
554 2009.04.15 羽田-福岡 NH0257
555 2009.04.15 福岡-伊丹 NH0428
556 2009.04.16 関西-羽田 NH0974
557 2009.04.16 羽田-福岡 NH0243
558 2009.04.16 福岡-羽田 NH0250
559 2009.04.16 羽田-鹿児島 NH0625
560 2009.04.16 鹿児島-羽田 NH0628
561 2009.04.16 羽田-福岡 NH0267
562 2009.04.16 福岡-羽田 NH0990
563 2009.04.17 羽田-福岡 NH0981
564 2009.04.17 福岡-羽田 NH0244
565 2009.04.17 羽田-千歳 NH0061
566 2009.04.17 千歳-羽田 NH0966
567 2009.04.17 羽田-千歳 NH0069
568 2009.04.17 千歳-羽田 NH4722
569 2009.04.17 羽田-千歳 NH0079
570 2009.04.17 千歳-羽田 NH4728
571 2009.04.18 羽田-福岡 NH0981
572 2009.04.18 福岡-羽田 NH0244
573 2009.04.18 羽田-千歳 NH0061
574 2009.04.18 千歳-羽田 NH0966
575 2009.04.18 羽田-沖縄 NH0131
576 2009.04.19 沖縄-羽田 NH0120
577 2009.04.19 羽田-千歳 NH0061
578 2009.04.19 千歳-羽田 NH0966
579 2009.04.19 羽田-千歳 NH0069
580 2009.04.19 千歳-羽田 NH0072
581 2009.04.19 羽田-千歳 NH0079
582 2009.04.19 千歳-羽田 NH4728
583 2009.04.20 羽田-広島 NH0671
584 2009.04.20 広島-羽田 NH0674
585 2009.04.20 羽田-千歳 NH0061
586 2009.04.20 千歳-羽田 NH0966
587 2009.04.20 羽田-千歳 NH0069
588 2009.04.20 千歳-羽田 NH0072
589 2009.04.20 羽田-千歳 NH0079
590 2009.04.20 千歳-羽田 NH4728
591 2009.04.21 羽田-福岡 NH0981
592 2009.04.21 福岡-羽田 NH0244
593 2009.04.21 羽田-千歳 NH0061
594 2009.04.21 千歳-羽田 NH0966
595 2009.04.21 羽田-千歳 NH0069
596 2009.04.21 千歳-羽田 NH0072
597 2009.04.21 羽田-千歳 NH0079
598 2009.04.21 千歳-羽田 NH4728
599 2009.04.22 羽田-福岡 NH0981
600 2009.04.22 福岡-羽田 NH0244
601 2009.04.22 羽田-千歳 NH0061
602 2009.04.22 千歳-羽田 NH0966
603 2009.04.22 羽田-千歳 NH0069
604 2009.04.22 千歳-羽田 NH0072
605 2009.04.22 羽田-千歳 NH0079
606 2009.04.22 千歳-羽田 NH4728
607 2009.04.23 羽田-千歳 NH0051
608 2009.04.23 千歳-羽田 NH4714
609 2009.04.23 羽田-千歳 NH0061
610 2009.04.23 千歳-羽田 NH0966
611 2009.04.23 羽田-千歳 NH0069
612 2009.04.23 千歳-羽田 NH0072
613 2009.04.23 羽田-千歳 NH0079
614 2009.04.23 千歳-羽田 NH4728
615 2009.04.24 羽田-千歳 NH0051
616 2009.04.24 千歳-羽田 NH4714
617 2009.04.24 羽田-千歳 NH0061
618 2009.04.24 千歳-羽田 NH0966
619 2009.04.24 羽田-千歳 NH0069
620 2009.04.24 千歳-羽田 NH0072
621 2009.04.24 羽田-千歳 NH0079
622 2009.04.24 千歳-羽田 NH0970
623 2009.04.25 羽田-福岡 NH0981
624 2009.04.25 福岡-羽田 NH0244
625 2009.04.25 羽田-千歳 NH0061
626 2009.04.25 千歳-羽田 NH0966
627 2009.04.25 羽田-千歳 NH0069
628 2009.04.25 千歳-羽田 NH0072
629 2009.04.25 羽田-千歳 NH0079
630 2009.04.25 千歳-羽田 NH0970
631 2009.04.26 羽田-福岡 NH0241
632 2009.04.26 福岡-羽田 NH0248
633 2009.04.26 羽田-千歳 NH0063
634 2009.04.26 千歳-羽田 NH0066
635 2009.04.26 羽田-熊本 NH0647
636 2009.04.26 熊本-羽田 NH0648
637 2009.04.26 羽田-関西 NH0975
638 2009.04.27 伊丹-羽田 NH0030
639 2009.04.28 羽田-千歳 NH0051
640 2009.04.28 千歳-羽田 NH4714
641 2009.04.28 羽田-千歳 NH0061
642 2009.04.28 千歳-羽田 NH0966
643 2009.04.28 羽田-千歳 NH0069
644 2009.04.28 千歳-羽田 NH0072
645 2009.04.28 羽田-千歳 NH0079
646 2009.04.28 千歳-羽田 NH4728
647 2009.04.29 羽田-沖縄 NH0121
648 2009.04.29 沖縄-羽田 NH0124
649 2009.04.29 羽田-千歳 NH0069
650 2009.04.29 千歳-羽田 NH0072
651 2009.04.29 羽田-千歳 NH0079
652 2009.04.29 千歳-羽田 NH0970
653 2009.04.30 羽田-福岡 NH0981
654 2009.04.30 福岡-羽田 NH0244
655 2009.04.30 羽田-千歳 NH0061
656 2009.04.30 千歳-羽田 NH0966
657 2009.04.30 羽田-千歳 NH0069
658 2009.04.30 千歳-羽田 NH0072
659 2009.04.30 羽田-福岡 NH0267
660 2009.04.30 福岡-羽田 NH0990
661 2009.05.01 羽田-沖縄 NH0993
662 2009.05.01 沖縄-関西 NH1732
663 2009.05.01 関西-千歳 NH1715
664 2009.05.01 千歳-羽田 NH0068
665 2009.05.01 羽田-米子 NH0817
666 2009.05.01 米子-羽田 NH0820
667 2009.05.01 羽田-関西 NH3829
668 2009.05.02 関西-羽田 NH0974
669 2009.05.02 羽田-福岡 NH0243
670 2009.05.02 福岡-千歳 NH0289
671 2009.05.02 千歳-羽田 NH4720
672 2009.05.04 羽田-伊丹 NH0031
673 2009.05.04 伊丹-羽田 NH0034
674 2009.05.06 羽田-福岡 NH0981
675 2009.05.06 福岡-羽田 NH0244
676 2009.05.06 羽田-稚内 NH0571
677 2009.05.06 稚内-羽田 NH0572
678 2009.05.06 羽田-鹿児島 NH0627
679 2009.05.06 鹿児島-羽田 NH0630
680 2009.05.07 羽田-福岡 NH0981
681 2009.05.07 福岡-仙台 NH0797
682 2009.05.07 仙台-福岡 NH0798
683 2009.05.07 福岡-羽田 NH0256
684 2009.05.08 羽田-福岡 NH0981
685 2009.05.08 福岡-羽田 NH0244
686 2009.05.08 羽田-千歳 NH0061
687 2009.05.08 千歳-羽田 NH0966
688 2009.05.08 羽田-千歳 NH0069
689 2009.05.08 千歳-羽田 NH0072
690 2009.05.08 羽田-千歳 NH0079
691 2009.05.08 千歳-羽田 NH0970
692 2009.05.09 羽田-福岡 NH0981
693 2009.05.09 福岡-羽田 NH0244
694 2009.05.09 羽田-千歳 NH0061
695 2009.05.09 千歳-羽田 NH0966
696 2009.05.09 羽田-宮崎 NH3757
697 2009.05.09 宮崎-羽田 NH3760
698 2009.05.09 羽田-福岡 NH0267
699 2009.05.09 福岡-羽田 NH0990
700 2009.05.11 羽田-福岡 NH0241
701 2009.05.11 福岡-羽田 NH0248
702 2009.05.11 羽田-千歳 NH0063
703 2009.05.11 千歳-羽田 NH4720
704 2009.05.11 羽田-千歳 NH0071
705 2009.05.11 千歳-羽田 NH0074
706 2009.05.12 羽田-長崎 NH3731
707 2009.05.12 長崎-羽田 NH0662
708 2009.05.12 羽田-大分 NH0193

349 2009.01.25 沖縄-羽田 NH0134
350 2009.01.29 羽田-沖縄 NH0121
351 2009.01.29 沖縄-羽田 NH0124
352 2009.02.03 成田-FRANKFURT LH0711
353 2009.02.03 FRANKFURT-COPENHAGEN LH3076
354 2009.02.04 COPENHAGEN-FRANKFURT LH3071
355 2009.02.04 FRANKFURT-ISTANBUL LH3342
356 2009.02.04 ISTANBUL-BISHKEK TK1348
357 2009.02.04 BISHKEK-LONDON BD0992
358 2009.02.10 LONDON-香港 NZ0038
359 2009.02.12 香港-仁川 OZ0724
360 2009.02.12 仁川-成田 OZ0108
361 2009.02.17 羽田-沖縄 NH0121
362 2009.02.17 沖縄-中部 NH0302
363 2009.02.17 中部-成田 NH3204
364 2009.02.17 成田-福岡 NH2143
365 2009.02.17 福岡-羽田 NH0272
366 2009.02.18 羽田-沖縄 NH0993
367 2009.02.18 沖縄-関西 NH1732
368 2009.02.18 関西-千歳 NH1715
369 2009.02.18 千歳-羽田 NH0068
370 2009.02.19 羽田-稚内 NH0571
371 2009.02.19 稚内-羽田 NH0572
372 2009.02.19 羽田-福岡 NH0261
373 2009.02.19 福岡-羽田 NH0268
374 2009.02.20 羽田-鹿児島 NH0619
375 2009.02.20 鹿児島-沖縄 NH0475
376 2009.02.20 沖縄-宮古 NH1723
377 2009.02.20 宮古-沖縄 NH1724
378 2009.02.20 沖縄-羽田 NH0128
379 2009.02.23 羽田-佐賀 NH0451
380 2009.02.23 佐賀-羽田 NH0454
381 2009.02.23 羽田-福岡 NH0261
382 2009.02.23 福岡-羽田 NH0266
383 2009.02.24 羽田-佐賀 NH0983
384 2009.02.24 佐賀-羽田 NH0984
385 2009.02.25 羽田-鹿児島 NH0619
386 2009.02.25 鹿児島-羽田 NH0622
387 2009.02.25 羽田-佐賀 NH0983
388 2009.02.25 佐賀-羽田 NH0984
389 2009.02.25 羽田-鹿児島 NH0627
390 2009.02.25 鹿児島-羽田 NH0630
391 2009.02.26 羽田-福岡 NH0981
392 2009.02.26 福岡-中部 NH0214
393 2009.02.26 中部-女満別 NH0327
394 2009.02.26 女満別-中部 NH0328
395 2009.02.26 中部-福岡 NH0229
396 2009.02.26 福岡-羽田 NH0266
397 2009.02.27 羽田-福岡 NH0263
398 2009.02.27 福岡-羽田 NH0270
399 2009.02.28 羽田-福岡 NH0249
400 2009.02.28 福岡-羽田 NH0254
401 2009.03.01 羽田-福岡 NH0981
402 2009.03.01 福岡-羽田 NH0244
403 2009.03.01 羽田-大分 NH0193
404 2009.03.01 大分-羽田 NH0198
405 2009.03.02 羽田-福岡 NH0981
406 2009.03.02 福岡-羽田 NH0244
407 2009.03.02 羽田-大分 NH0193
408 2009.03.02 大分-羽田 NH0198
409 2009.03.02 羽田-福岡 NH0257
410 2009.03.02 福岡-羽田 NH0264
411 2009.03.02 羽田-千歳 NH0079
412 2009.03.02 千歳-羽田 NH0970
413 2009.03.03 羽田-佐賀 NH0983
414 2009.03.03 佐賀-羽田 NH0984
415 2009.03.04 羽田-福岡 NH0981
416 2009.03.04 福岡-羽田 NH0244
417 2009.03.04 羽田-大分 NH0193
418 2009.03.04 大分-羽田 NH0198
419 2009.03.04 羽田-福岡 NH0257
420 2009.03.04 福岡-羽田 NH0264
421 2009.03.04 羽田-千歳 NH0079
422 2009.03.04 千歳-羽田 NH0970
423 2009.03.05 羽田-宮崎 NH0609
424 2009.03.05 宮崎-羽田 NH0610
425 2009.03.05 羽田-千歳 NH0077
426 2009.03.05 千歳-羽田 NH0082
427 2009.03.06 羽田-広島 NH0671
428 2009.03.06 広島-羽田 NH0674
429 2009.03.06 羽田-大分 NH0193
430 2009.03.06 大分-羽田 NH0198
431 2009.03.06 羽田-福岡 NH0257
432 2009.03.06 福岡-羽田 NH0264
433 2009.03.06 羽田-千歳 NH0079
434 2009.03.06 千歳-羽田 NH4728
435 2009.03.07 羽田-広島 NH0671
436 2009.03.07 広島-羽田 NH0674
437 2009.03.07 羽田-大分 NH0193
438 2009.03.07 大分-羽田 NH0198
439 2009.03.07 羽田-福岡 NH0257
440 2009.03.07 福岡-羽田 NH0264
441 2009.03.07 羽田-千歳 NH0079
442 2009.03.07 千歳-羽田 NH4728
443 2009.03.08 羽田-福岡 NH0981
444 2009.03.08 福岡-羽田 NH0244
445 2009.03.08 羽田-大分 NH0193
446 2009.03.08 大分-羽田 NH0198
447 2009.03.10 羽田-広島 NH0671
448 2009.03.10 広島-羽田 NH0674
449 2009.03.10 羽田-大分 NH0193
450 2009.03.10 大分-羽田 NH0198
451 2009.03.10 羽田-福岡 NH0257
452 2009.03.10 福岡-羽田 NH0264
453 2009.03.10 羽田-千歳 NH0079
454 2009.03.10 千歳-羽田 NH4728
455 2009.03.13 羽田-広島 NH0671
456 2009.03.13 広島-羽田 NH0674
457 2009.03.13 羽田-大分 NH0193
458 2009.03.13 大分-羽田 NH0198
459 2009.03.13 羽田-福岡 NH0257
460 2009.03.13 福岡-羽田 NH0264
461 2009.03.15 羽田-福岡 NH0981
462 2009.03.15 福岡-羽田 NH0244
463 2009.03.15 羽田-千歳 NH0061
464 2009.03.15 千歳-羽田 NH0064
465 2009.03.16 羽田-福岡 NH0257
466 2009.03.16 福岡-羽田 NH0264
467 2009.03.16 羽田-千歳 NH0079
468 2009.03.16 千歳-羽田 NH0970
469 2009.03.17 羽田-福岡 NH0981
470 2009.03.17 福岡-羽田 NH0244
471 2009.03.17 羽田-大分 NH0193
472 2009.03.17 大分-羽田 NH0198
473 2009.03.17 羽田-福岡 NH0257
474 2009.03.17 福岡-羽田 NH0264
475 2009.03.17 羽田-千歳 NH0079
476 2009.03.17 千歳-羽田 NH4728
477 2009.03.19 羽田-福岡 NH0981
478 2009.03.19 福岡-羽田 NH0244
479 2009.03.19 羽田-大分 NH0193
480 2009.03.19 大分-羽田 NH0198
481 2009.03.19 羽田-福岡 NH0257
482 2009.03.19 福岡-羽田 NH0264
483 2009.03.19 羽田-千歳 NH0079
484 2009.03.19 千歳-羽田 NH0970
485 2009.03.20 羽田-鹿児島 NH0621
486 2009.03.20 鹿児島-羽田 NH0624
487 2009.03.20 羽田-福岡 NH0257
488 2009.03.20 福岡-羽田 NH0264
489 2009.03.20 羽田-千歳 NH0079
490 2009.03.20 千歳-羽田 NH0970
491 2009.03.21 羽田-福岡 NH0981
492 2009.03.21 福岡-羽田 NH0244
493 2009.03.21 羽田-千歳 NH0077
494 2009.03.21 千歳-羽田 NH0082
495 2009.03.25 成田-PARIS NH0205
496 2009.03.30 PARIS-成田 NH0206
497 2009.03.31 羽田-福岡 NH0265
498 2009.03.31 福岡-羽田 NH0270
499 2009.04.02 羽田-熊本 NH0641
500 2009.04.02 熊本-羽田 NH0644
501 2009.04.02 羽田-福岡 NH0987
502 2009.04.03 福岡-羽田 NH0240
503 2009.04.03 羽田-福岡 NH0245
504 2009.04.03 福岡-千歳 NH0289
505 2009.04.03 千歳-羽田 NH4720
506 2009.04.03 羽田-福岡 NH0259
507 2009.04.03 福岡-沖縄 NH0493
508 2009.04.03 沖縄-羽田 NH0994
509 2009.04.04 羽田-千歳 NH0967
510 2009.04.04 千歳-羽田 NH0072
511 2009.04.04 羽田-沖縄 NH0135
512 2009.04.05 沖縄-羽田 NH0120
513 2009.04.06 羽田-秋田 NH0875
514 2009.04.06 秋田-羽田 NH0876
515 2009.04.06 羽田-函館 NH0863
516 2009.04.06 函館-羽田 NH0864
517 2009.04.07 羽田-千歳 NH0063
518 2009.04.07 千歳-羽田 NH4720
519 2009.04.07 羽田-福岡 NH0259
520 2009.04.07 福岡-沖縄 NH0493
521 2009.04.07 沖縄-羽田 NH0994
522 2009.04.08 羽田-福岡 NH0981
523 2009.04.08 福岡-羽田 NH0244
524 2009.04.08 羽田-千歳 NH0061
525 2009.04.08 千歳-羽田 NH0966
526 2009.04.08 羽田-千歳 NH0069
527 2009.04.08 千歳-羽田 NH4722
528 2009.04.08 羽田-千歳 NH0079

169	2008.10.08	関西-千歳	NH1715
170	2008.10.08	千歳-岡山	NH0380
171	2008.10.08	岡山-羽田	NH0658
172	2008.10.08	羽田-福岡	NH0267
173	2008.10.08	福岡-羽田	NH0990
174	2008.10.10	羽田-沖縄	NH0127
175	2008.10.10	沖縄-羽田	NH0128
176	2008.10.11	羽田-沖縄	NH0123
177	2008.10.11	沖縄-羽田	NH0124
178	2008.10.14	羽田-福岡	NH0257
179	2008.10.14	福岡-沖縄	NH0493
180	2008.10.14	沖縄-羽田	NH0136
181	2008.10.15	羽田-沖縄	NH0121
182	2008.10.15	沖縄-中部	NH0302
183	2008.10.15	中部-仙台	NH1807
184	2008.10.15	仙台-中部	NH1804
185	2008.10.15	中部-福岡	NH0231
186	2008.10.15	福岡-羽田	NH0270
187	2008.10.16	羽田-長崎	NH0661
188	2008.10.16	長崎-羽田	NH0664
189	2008.10.16	羽田-福岡	NH0253
190	2008.10.16	福岡-羽田	NH0258
191	2008.10.16	羽田-千歳	NH0077
192	2008.10.16	千歳-羽田	NH0082
193	2008.10.18	羽田-福岡	NH0243
194	2008.10.18	福岡-千歳	NH0289
195	2008.10.18	千歳-羽田	NH0074
196	2008.10.20	羽田-沖縄	NH0121
197	2008.10.20	沖縄-中部	NH0302
198	2008.10.20	中部-函館	NH0393
199	2008.10.20	函館-中部	NH0394
200	2008.10.20	中部-福岡	NH0231
201	2008.10.20	福岡-羽田	NH0270
202	2008.10.21	羽田-鹿児島	NH0619
203	2008.10.21	鹿児島-伊丹	NH0544
204	2008.10.21	伊丹-松山	NH0443
205	2008.10.21	松山-関西	NH1750
206	2008.10.21	関西-松山	NH1747
207	2008.10.21	松山-伊丹	NH0446
208	2008.10.21	伊丹-羽田	NH0034
209	2008.10.21	羽田-千歳	NH0079
210	2008.10.21	千歳-羽田	NH4728
211	2008.10.24	羽田-沖縄	NH0131
212	2008.10.24	沖縄-羽田	NH0136
213	2008.10.25	羽田-福岡	NH0247
214	2008.10.25	福岡-沖縄	NH0487
215	2008.10.25	沖縄-羽田	NH0128
216	2008.10.27	羽田-沖縄	NH0123
217	2008.10.27	沖縄-宮古	NH1723
218	2008.10.28	宮古-沖縄	NH1724
219	2008.10.28	沖縄-羽田	NH0128
220	2008.10.28	羽田-千歳	NH0077
221	2008.10.28	千歳-羽田	NH0082
222	2008.10.30	羽田-沖縄	NH0993
223	2008.10.30	沖縄-関西	NH1732
224	2008.10.30	関西-千歳	NH1715
225	2008.10.30	千歳-岡山	NH0380
226	2008.10.30	岡山-羽田	NH0658
227	2008.10.30	羽田-福岡	NH0267
228	2008.10.30	福岡-羽田	NH0990
229	2008.11.05	羽田-千歳	NH0079
230	2008.11.05	千歳-羽田	NH0970
231	2008.11.06	羽田-鹿児島	NH0619
232	2008.11.06	鹿児島-羽田	NH0622
233	2008.11.08	羽田-鹿児島	NH0619
234	2008.11.08	鹿児島-伊丹	NH0544
235	2008.11.08	伊丹-羽田	NH0022
236	2008.11.08	羽田-沖縄	NH0129
237	2008.11.08	沖縄-羽田	NH0130
238	2008.11.08	羽田-福岡	NH0267
239	2008.11.08	福岡-羽田	NH0990
240	2008.11.10	羽田-沖縄	NH0993
241	2008.11.10	沖縄-関西	NH1732
242	2008.11.10	関西-千歳	NH1715
243	2008.11.10	千歳-羽田	NH0068
244	2008.11.12	羽田-福岡	NH0253
245	2008.11.12	福岡-羽田	NH0268
246	2008.11.18	羽田-千歳	NH0051
247	2008.11.18	千歳-羽田	NH0054
248	2008.11.18	羽田-福岡	NH0251
249	2008.11.18	福岡-羽田	NH0268
250	2008.11.20	羽田-福岡	NH0981
251	2008.11.20	福岡-羽田	NH0244
252	2008.11.20	羽田-沖縄	NH0127
253	2008.11.20	沖縄-羽田	NH0128
254	2008.11.20	羽田-千歳	NH0077
255	2008.11.22	千歳-羽田	NH0050
256	2008.11.22	羽田-伊丹	NH0019
257	2008.11.22	伊丹-仙台	NH0735
258	2008.11.23	仙台-成田	NH3232
259	2008.11.25	羽田-広島	NH0671
260	2008.11.25	広島-羽田	NH0674
261	2008.11.25	羽田-千歳	NH0061
262	2008.11.25	千歳-羽田	NH0072
263	2008.11.26	羽田-佐賀	NH0451
264	2008.11.26	佐賀-羽田	NH0454
265	2008.11.26	羽田-沖縄	NH0129
266	2008.11.26	沖縄-羽田	NH0130
267	2008.11.26	羽田-千歳	NH0079
268	2008.11.26	千歳-羽田	NH0970
269	2008.11.29	羽田-沖縄	NH0121
270	2008.11.29	沖縄-中部	NH0302
271	2008.11.30	中部-成田	NH0338
272	2008.11.30	成田-COPENHAGEN	SK0984
273	2008.12.03	COPENHAGEN-成田	SK0983
274	2008.12.07	羽田-沖縄	NH0993
275	2008.12.07	沖縄-鹿児島	NH0474
276	2008.12.07	鹿児島-羽田	NH0630
277	2008.12.09	羽田-長崎	NH0661
278	2008.12.09	長崎-羽田	NH0664
279	2008.12.09	羽田-沖縄	NH0129
280	2008.12.09	沖縄-羽田	NH0130
281	2008.12.09	羽田-高松	NH0539
282	2008.12.10	高松-羽田	NH0540
283	2008.12.13	羽田-広島	NH0675
284	2008.12.14	広島-羽田	NH0672
285	2008.12.14	羽田-伊丹	NH0019
286	2008.12.14	関西-羽田	NH0150
287	2008.12.16	羽田-福岡	NH0981
288	2008.12.16	福岡-羽田	NH0244
289	2008.12.16	羽田-稚内	NH0571
290	2008.12.16	稚内-羽田	NH0572
291	2008.12.16	羽田-高松	NH0537
292	2008.12.16	高松-羽田	NH0540
293	2008.12.16	羽田-千歳	NH0081
294	2008.12.17	千歳-羽田	NH0050
295	2008.12.17	羽田-鹿児島	NH0621
296	2008.12.17	鹿児島-羽田	NH0624
297	2008.12.17	羽田-沖縄	NH0131
298	2008.12.17	沖縄-神戸	NH0436
299	2008.12.17	神戸-羽田	NH0416
300	2008.12.22	羽田-伊丹	NH0015
301	2008.12.22	伊丹-熊本	NH0523
302	2008.12.23	熊本-伊丹	NH0522
303	2008.12.23	伊丹-羽田	NH0036
304	2008.12.28	羽田-鳥取	NH0293
305	2008.12.28	鳥取-羽田	NH0294
306	2008.12.28	羽田-函館	NH0853
307	2008.12.28	函館-羽田	NH0854
308	2008.12.28	羽田-沖縄	NH0131
309	2008.12.28	沖縄-福岡	NH0494
310	2008.12.28	福岡-羽田	NH0990
311	2009.01.01	羽田-稚内	NH0571
312	2009.01.01	稚内-羽田	NH0572
313	2009.01.02	羽田-福岡	NH0259
314	2009.01.02	福岡-沖縄	NH0493
315	2009.01.02	沖縄-羽田	NH0994
316	2009.01.04	羽田-沖縄	NH0121
317	2009.01.04	沖縄-羽田	NH0124
318	2009.01.07	羽田-広島	NH0671
319	2009.01.07	広島-羽田	NH0686
320	2009.01.10	羽田-鳥取	NH0293
321	2009.01.10	鳥取-羽田	NH0294
322	2009.01.10	羽田-高知	NH0563
323	2009.01.10	高知-羽田	NH0566
324	2009.01.10	羽田-沖縄	NH0131
325	2009.01.10	沖縄-福岡	NH0494
326	2009.01.10	福岡-羽田	NH0990
327	2009.01.11	羽田-福岡	NH0241
328	2009.01.11	福岡-沖縄	NH0485
328	2009.01.11	沖縄-羽田	NH0996
330	2009.01.19	羽田-沖縄	NH0121
331	2009.01.19	沖縄-神戸	NH0434
332	2009.01.19	神戸-沖縄	NH0435
333	2009.01.19	沖縄-福岡	NH0490
334	2009.01.19	福岡-沖縄	NH0493
335	2009.01.19	沖縄-羽田	NH0994
336	2009.01.21	羽田-沖縄	NH0121
337	2009.01.21	沖縄-神戸	NH0434
338	2009.01.21	神戸-沖縄	NH0435
339	2009.01.21	沖縄-福岡	NH0490
340	2009.01.21	福岡-沖縄	NH0493
341	2009.01.21	沖縄-羽田	NH0992
342	2009.01.23	羽田-沖縄	NH0993
343	2009.01.23	沖縄-関西	NH1732
344	2009.01.23	関西-千歳	NH1715
345	2009.01.23	千歳-羽田	NH0068
346	2009.01.25	羽田-沖縄	NH0121
347	2009.01.25	沖縄-羽田	NH0124
348	2009.01.25	羽田-沖縄	NH0135

1年間1024回
搭乗の全記録！
2008年～2009年

回数	搭乗日	区間	便名
001	2008.07.01	羽田-鳥取	NH0293
002	2008.07.01	鳥取-羽田	NH0294
003	2008.07.01	羽田-千歳	NH0061
004	2008.07.01	千歳-福岡	NH0290
005	2008.07.01	福岡-沖縄	NH0493
006	2008.07.01	沖縄-羽田	NH0994
007	2008.07.02	羽田-福岡	NH0981
008	2008.07.02	福岡-沖縄	NH0481
009	2008.07.02	沖縄-関西	NH1734
010	2008.07.02	関西-千歳	NH1717
011	2008.07.02	千歳-羽田	NH0072
012	2008.07.02	羽田-沖縄	NH0135
013	2008.07.03	沖縄-羽田	NH0120
014	2008.07.03	羽田-千歳	NH0061
015	2008.07.03	千歳-羽田	NH0064
016	2008.07.03	羽田-沖縄	NH0131
017	2008.07.03	沖縄-福岡	NH0494
018	2008.07.03	福岡-羽田	NH0990
019	2008.07.04	羽田-沖縄	NH0993
020	2008.07.04	沖縄-石垣	NH1763
021	2008.07.04	石垣-沖縄	NH1766
022	2008.07.04	沖縄-羽田	NH0126
023	2008.07.04	羽田-千歳	NH0071
024	2008.07.04	千歳-関西	NH1718
025	2008.07.04	関西-羽田	NH0150
026	2008.07.05	羽田-伊丹	NH0015
027	2008.07.05	伊丹-仙台	NH0733
028	2008.07.05	仙台-沖縄	NH0463
029	2008.07.05	沖縄-福岡	NH0488
030	2008.07.05	福岡-沖縄	NH0493
031	2008.07.05	沖縄-羽田	NH0136
032	2008.07.06	羽田-沖縄	NH0121
033	2008.07.06	沖縄-中部	NH0302
034	2008.07.06	中部-沖縄	NH0307
035	2008.07.06	沖縄-羽田	NH0132
036	2008.07.07	羽田-沖縄	NH0121
037	2008.07.07	沖縄-成田	NH2158
038	2008.07.07	成田-沖縄	NH2159
039	2008.07.07	沖縄-羽田	NH0994
040	2008.07.09	羽田-米子	NH0817
041	2008.07.09	米子-羽田	NH0820
042	2008.07.11	羽田-沖縄	NH0129
043	2008.07.11	沖縄-羽田	NH0130
044	2008.07.12	羽田-米子	NH0819
045	2008.07.13	米子-羽田	NH0820
046	2008.07.19	成田-FRANKFURT	NH0209
047	2008.07.19	FRANKFURT-COPENHAGEN	SK1636
048	2008.07.24	COPENHAGEN-PARIS	SK0559
049	2008.07.24	PARIS-成田	NH0210
050	2008.07.29	羽田-沖縄	NH0121
051	2008.07.29	沖縄-羽田	NH0124
052	2008.07.31	羽田-千歳	NH0051
053	2008.07.31	千歳-羽田	NH0054
054	2008.07.31	羽田-広島	NH0677
055	2008.07.31	広島-仙台	NH0802
056	2008.07.31	仙台-成田	NH3134
057	2008.07.31	成田-伊丹	NH2179
058	2008.07.31	伊丹-羽田	NH0040
059	2008.07.31	羽田-沖縄	NH0123
060	2008.08.01	沖縄-伊丹	NH0766
061	2008.08.02	関西-羽田	NH0094
062	2008.08.02	羽田-広島	NH0673
063	2008.08.04	広島-沖縄	NH0461
064	2008.08.04	沖縄-成田	NH2158
065	2008.08.04	成田-沖縄	NH2159
066	2008.08.04	沖縄-羽田	NH0994
067	2008.08.07	羽田-沖縄	NH0123
068	2008.08.07	沖縄-宮古	NH1723
069	2008.08.07	宮古-沖縄	NH1724
070	2008.08.07	沖縄-石垣	NH1777
071	2008.08.07	石垣-沖縄	NH1780
072	2008.08.07	沖縄-関西	NH1740
073	2008.08.07	関西-羽田	NH0150
074	2008.08.08	羽田-関西	NH0973
075	2008.08.08	関西-函館	NH1787
076	2008.08.08	函館-関西	NH1788
077	2008.08.08	関西-沖縄	NH1733
078	2008.08.08	沖縄-石垣	NH1777
079	2008.08.08	石垣-沖縄	NH1780
080	2008.08.08	沖縄-関西	NH1740
081	2008.08.08	関西-羽田	NH0150
082	2008.08.18	羽田-沖縄	NH0138
083	2008.08.18	沖縄-羽田	NH0136
084	2008.08.20	羽田-福岡	NH0981
085	2008.08.20	福岡-中部	NH0214
086	2008.08.20	中部-福岡	NH0235
087	2008.08.20	福岡-羽田	NH0272
088	2008.08.22	羽田-沖縄	NH0127
089	2008.08.22	沖縄-羽田	NH0132
090	2008.08.23	羽田-沖縄	NH0127
091	2008.08.23	沖縄-石垣	NH1777
092	2008.08.23	石垣-沖縄	NH1780
093	2008.08.24	沖縄-関西	NH1732
094	2008.08.24	関西-千歳	NH1715
095	2008.08.24	千歳-羽田	NH0070
096	2008.08.24	羽田-岡山	NH0659
097	2008.08.25	高松-羽田	NH0536
098	2008.08.28	羽田-稚内	NH0571
099	2008.08.28	稚内-羽田	NH0572
100	2008.08.29	羽田-広島	NH0677
101	2008.08.29	広島-仙台	NH0802
102	2008.08.29	仙台-伊丹	NH0738
103	2008.08.30	関西-沖縄	NH1731
104	2008.08.30	沖縄-羽田	NH0124
105	2008.09.04	羽田-福岡	NH0259
106	2008.09.04	福岡-羽田	NH0266
107	2008.09.06	羽田-米子	NH0817
108	2008.09.06	米子-羽田	NH0820
109	2008.09.07	羽田-福岡	NH0243
110	2008.09.08	福岡-羽田	NH0240
111	2008.09.08	羽田-稚内	NH0571
112	2008.09.08	稚内-羽田	NH0572
113	2008.09.08	羽田-福岡	NH0255
114	2008.09.08	福岡-沖縄	NH0491
115	2008.09.08	沖縄-羽田	NH0136
116	2008.09.13	羽田-沖縄	NH0121
117	2008.09.13	沖縄-成田	NH2158
118	2008.09.13	成田-沖縄	NH2159
119	2008.09.13	沖縄-羽田	NH0994
120	2008.09.15	羽田-伊丹	NH0017
121	2008.09.16	伊丹-羽田	NH0016
122	2008.09.16	羽田-稚内	NH0571
123	2008.09.16	稚内-羽田	NH0572
124	2008.09.16	羽田-伊丹	NH0031
125	2008.09.19	羽田-米子	NH0817
126	2008.09.19	米子-羽田	NH0820
127	2008.09.24	羽田-沖縄	NH0125
128	2008.09.24	沖縄-羽田	NH0128
129	2008.09.25	羽田-根室	NH0837
130	2008.09.25	根室-羽田	NH0840
131	2008.09.25	羽田-福岡	NH0261
132	2008.09.25	福岡-羽田	NH0266
133	2008.09.26	羽田-長崎	NH0661
134	2008.09.26	長崎-羽田	NH0664
135	2008.09.26	羽田-沖縄	NH0131
136	2008.09.26	沖縄-羽田	NH0136
137	2008.09.27	羽田-大島	NH0843
138	2008.09.27	大島-八丈島	NH0849
139	2008.09.27	八丈島-羽田	NH0830
140	2008.09.29	羽田-大島	NH0841
141	2008.09.29	大島-羽田	NH0842
142	2008.09.29	羽田-根室	NH0837
143	2008.09.29	根室-羽田	NH0840
144	2008.09.29	羽田-秋田	NH0877
145	2008.09.29	秋田-羽田	NH0878
146	2008.09.29	羽田-千歳	NH0079
147	2008.09.29	千歳-羽田	NH0970
148	2008.09.30	羽田-大島	NH0841
149	2008.09.30	大島-羽田	NH0842
150	2008.09.30	羽田-千歳	NH0061
151	2008.09.30	千歳-利尻	NH4929
152	2008.09.30	利尻-千歳	NH4930
153	2008.09.30	千歳-羽田	NH0070
154	2008.09.30	羽田-福岡	NH0267
155	2008.09.30	福岡-羽田	NH0990
156	2008.10.01	羽田-伊丹	NH0013
157	2008.10.01	関西-羽田	NH0150
158	2008.10.06	羽田-福岡	NH0981
159	2008.10.06	福岡-沖縄	NH0481
160	2008.10.06	沖縄-中部	NH0302
161	2008.10.06	中部-函館	NH0393
162	2008.10.06	函館-中部	NH0394
163	2008.10.06	中部-福岡	NH0231
164	2008.10.06	福岡-羽田	NH0270
165	2008.10.07	羽田-福岡	NH0261
166	2008.10.07	福岡-羽田	NH0268
167	2008.10.08	羽田-沖縄	NH0993
168	2008.10.08	沖縄-関西	NH1732

文庫版特別対談

三森すずこ×パラダイス山元

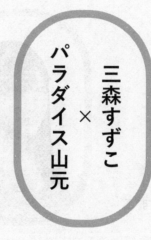

三森すずこ

東京都出身。声優。歌手としても活動している。「ラブライブ！」「探偵オペラ ミルキィホームズ」シリーズなど出演作品多数。2017年、パラダイス山元の航空エッセイ三部作を一気読みし、飛行機の楽しさに改めて目覚める。

パラダイス山元（以下、パラ）　先日は、みもりんのNHKラジオ番組にゲストとして呼んで頂いたわけですが、このたびは対談をお受け頂きありがとうございます。

三森すずこ（以下、三森）　いえいえ、こちらこそお声がけ嬉《うれ》しいです。本は一ファンとして面白く読ませて頂きました！

パラ　そもそも、私は自分の本の売上げをAmazonのランキングでチェックしているんですが、いつも1万位とかだった本が、ある日急にグンと、総合で100位台とかに跳ねてた日があって、何かあったのかなと思ってSNSでエゴサしてたら、みもりんのブログを見つけ……。たどり着いたのは2、3日経《た》ってたんですけれど、ああ、こんなことを書いて頂いてたんだ！　と。

三森　そうなんですー。昨年出た新刊の『なぜデキる男とモテる女は飛行機に乗るのか？』を読んで、衝撃を受けました。あるオーディションの現場で先輩が読んでらっしゃって、なにげなくどんな本なんですか？　と訊《たず》ねてそれがきっかけです。最初にそちらから読んだんですが、面白くて、すぐ他のも読みたくなって、『飛行機の乗り方』も探してすぐに読みました。

パラ　もともと、たくさん飛行機に乗られていたんですか？

三森　いえいえ、いわゆる「陸《おか》マイラー」としてずっとやってきた感じで。まだまだなんです。だからこそ、パラダイスさん、すごいなあと。

パラ　飛行機ってアガるところあるでしょ？　実際に空に上がってるんですけど……。それでこんな極め方してるわけですが、この面白さをこれからさらにどう伝えていこうか考えたりするわけです。面白いと思ってる人はどんどんついてきてくれるけど、何回乗ったとか自慢されても……とか、9割方そんなもんですけどね（笑）。それで、もう自分のキャラクターで伝えるの限界あるなと感じていたところで、あ、こんな方がいらっしゃったと。

三森　頻繁に飛行機に乗るようになったのは声優の仕事を始めた後なので、24歳ぐらいからって感じなんです。子供の頃、わりと海外旅行に行く家だったので、10歳あたりで最初に乗ったんです。その時、夜中にアラスカ上空飛んでたんですが、CAさんが私に小声で「こっちおいでー」って言ってくれて、窓の外を見たらオーロラが見えたんです！

パラ　すごい経験ですね！　いきなり人生最初のフライトで。それから飛行機好きになったんですね。私も5回ぐらい見てますが、飛行機からのオーロラって不思議なんですよね。真下にあるんじゃなくて全体的にフニョフニョ覆《おお》われた感じで。

三森　そうですね！　なんだか雲みたいな。すごく幻想的だなって思って。でも、パラダイスさんは何千回と乗ってて5回なんですよね。ならやっぱり私、「持ってた」んですね。

パラ　持ってる！　ビギナーズラック。一度、スカンジナビア航空で、「オーロラが見えるから起きてください」と機内アナウンスが流れて、みんな「なんだうるさいなあ～」っていう感じだったのに、実際に見たら「おー！」という声がずっと続いてたことありました。

三森　オーロラ体験でいきなり飛行機好きになったんですが、乗る前がひどかったんです。私、すごく小心者の情けない子供だったので、スカイライナーに乗って成田に向かってる時にもう具合悪くなっちゃって……。「飛行機……信じられない……空を……飛ぶなんて……」という感じで。親は、もう空港まで来たけど旅行やめようかと思ったほどだったんですよ。

パラ　そういう家族、何回か目撃してますね。離陸前、ドアクローズになってから親が子供抱いて降りて出発が1時間遅れたり。耐えられない時ってあるようですね。

三森　私は乗ったら大丈夫だったんですけど最初はやはり、あのエンジン音が大きくてびっくりして、大丈夫大丈夫大丈夫って心の中で自分に言い聞かせてました。

パラ　そうか……それが今や……。

三森　それが今や……（笑）。やっぱりワクワクしますね。着陸態勢に入ってからが好きなんですよ。だんだん雲が切れて街や景色が見えてくると、安心感を得るというか、あそこに教会があるな、とか見るのすごく好きです。

パラ　揺れるのはどうですか？

三森　そっちは全然ダメで……。空の高いところで雲で何も見えなくて揺れると、ほんとやめて～！　あ～早く着いて～！　って思いますね。ひどい時は、酔い止め飲んで、マネジャーの手にしがみついてます。

パラ　ならさらに、めいっぱい激しい揺れを体験して頂けるとよいかと。そもそももっと揺れるもんだと思っていればそのうち、「あれ？　おかしいな。今日揺れてないぞ？」と。これが本来の飛行機なんだと思えるようになるはずです。

三森　免疫《めんえき》、ですかね……。私はなかなかその境地には……（笑）。

パラ　揺れといえば、プロペラ機には乗ったことありますか？

三森　あ、あります！　小学生の時に家族でカナダに行って、「赤毛のアン」の舞台になったすごく小さい島、プリンスエドワード島に渡ったんです。そこに行く時の小型プロペラ機はすごい揺れでした！　揺れが激し過ぎてピピピピって機内の非常灯が点《つ》いたんですよ。ああ、もう死ぬんだ～！　って（笑）。あのライト点くのって緊急の時だって最初に見る保安ビデオで言ってたもん～、みたいな。

パラ　それは小学生じゃ大変な経験ですよね。私、今まで飛行機に乗っていて絶対死ぬと思ったこと3回あって。

三森　あ、それ、この本のラストで書かれてますよね！　その時、遺書を書かれたんですよね。あの話、面白いのに、ちょっと涙出ました。

パラ　けっこう真面目《まじめ》に書きましたね。自分が絶命するのが秒読みになるのって体験的には初じゃないですか。すると、どこで痛み感じるのかなとか、地上に叩《たた》きつけられるのかなとか、いきなり木っ端微塵《こっぱみじん》になるのかとか、どうやって死ぬのか考えてましたね。長崎空港が海上空港なので、きりもみ状態で海に墜落して救命胴衣でぷかぷか浮いたりする死んだ自分の姿がイヤだなとか（笑）。

三森　うわー……。死に方選んでられませんしね（笑）。

パラ　「パパの供養《くよう》などは……」とかすごくていねいに書いて、「てにをは」が間違ってないか何度も読み返してたら、隣の女性が「すいません、私にもペンを貸してください」って言うので、どうぞどうぞと渡したら、三井住友とか銀行預金口座の番号を5個ぐらい書いてて、そこに4ケタの番号を書き始めて、あ、マズイ、そういうの書いてなかった！　と……。

三森　えーっ、すごーい！　暗証番号なんですね、あはは。

パラ　それで、お互いに遺書を書きながら、私が「どこにしまうのがいいですかねえ。紙が燃え尽きないように、体から離れないところで……。肛門《こうもん》……に入れておくのがいいかもしれませんねえ」とか言いつつ。

三森　真面目な感じでそんな話を（笑）。

パラ　そういえば、機内では何してる派でしょうか。

三森　ひたすら映画タイムなんですよ！　日頃あんなゆったりできる時間、なかなか取れないですし、もうなかなか映画館も行けなくて。だから、乗ったらまっ先に、どんな映画が観《み》られるかチェックしますね。

パラ　洋画の封切りが、国内より先に機内で観られる幸せなんてのもありますしね。字幕、吹き替え、どちらで観ますか？

三森　職業柄、本当は吹き替えで観たほうがいいんですけど、飛行機の中は音がうるさいので、音声に期待しちゃいけないと思っていて、字幕で観ます。なので、『君の名は』も機内の字幕で観ました。海外物でもそうしていて、面白かったら日本に帰ってきて音アリでまた観たりしてます。

パラ　そういえば、映画の吹き替えのお仕事もされてますよね。

三森　はい。アニメーション映画の『アングリーバード』をやらせて頂いてるんですが、それが自分が乗っている機内で流れたこともありました。あと、自分が歌ってるアルバムがセレクションに入ってたりすると嬉しいですね。

パラ　わかります！　私も、あ、この曲は、自分のマンボな叫び「アーーーッ、うっ！」が入ってる子供向けの楽曲だとわかった瞬間、アガります。

三森　あ、そういえば、入ってたセレクションの私の顔写真がなぜか赤西仁さんになってて、あれー⁉　と（笑）。

パラ　うわ、それはとんでもないなあ。どこのエアラインか後で調べます（笑）。観る物、映画以外はどうですか？

三森　アメリカなどで制作する、シェフに密着して美味《おい》しい物作る番組とか、謎《なぞ》の家を紹介する番組とか、日本では観られないのが好きです。

パラ　あの系統、突っ込みどころ満載で、私もすごく好きです。シェフが何げなく鼻ほじってるのが映ってて、その後すぐ手で材料切り始めたり（笑）。

三森　塩味がきいてそうですね（笑）。あと、国内線だったら音量めっちゃ上げて落語を聴きます。すごく楽しいです！

パラ　ツウですねえ〜。

三森　あの閉鎖空間の中、自分が与えられた状況内でいかに楽しむか、が面白いですよね。

パラ　その楽しみを最大に享受《きょうじゅ》できるのはファーストクラスなわけですが、乗ったことはありますか？

三森　ないですないです！　いつもインスタグラムのハッシュタグの「#ファーストクラス」を見てるんですよ。検索すると乗った人の写真が上がってるじゃないですか。セレブの人のインスタとか見て、ああ、こんなに乗ってるんだ〜、とか。個室みたいなのがあればこれはどうなってんだ〜？　とか、一人セレブを見つけるとずっと見ちゃいますね。まさに、雲の上の人って感じで。

パラ　みもりんも、その境遇まで、時間の問題じゃないですか！

三森　いやいやいやいや、私はこの庶民感が好きです！

パラ　あ、たしかにその感じはありますね。私も基本は「エコノミークラス大好き症候群」ですし。

三森　ある時、国内線乗ったんです。たまたまその日はすっぴんで、前髪も上げてて、ハデな服着てたんですね。そしたら日本人のCAさんに「足もとのお荷物上に上げてください」と話しかけられたんです……英語で（笑）。オー、オッケーみたいな。

日本人に見えなかったんですねえ。

パラ　出たっ！　外国人と間違えられる問題。私の知り合いで、私と同じぐらい大きくて（笑）、目もギョロっとした女性がいるんですが、日本のエアラインで、世界じゅうどこで乗っても「マダ〜ム」とか言われてるとか。ところで、けっこう食べるほうですか？

三森　1回の量は少ないんですが、美味しいもの大好きですっごく食べ物に執着はあります！　空港でお寿司《すし》食べて、割引券もらって帰国した時に食べたりとか。

パラ　あ、その空港で食べるお寿司にかけるお金を、飛行機搭乗につぎ込みましょう！　1回ゴールドメンバーになったら、ラウンジでお寿司はもちろんなんでも食べ放題なんですから。

三森　はっ！　そうですね、なるほど〜（笑）。

パラ　いまゴールドメンバーになってないんですよね？　なら、なったほうがいいです。今度美味しいもの食べながら、パソコン開いて、これはこうしてこうしてって全部教えますから。ちゃんと相談して「解脱《げだつ》」しましょう。

三森　あー！　教えてほしいです！　マイルコンサル！

パラ　海外でのお仕事も多いみたいだし、今までちゃんとやってたらけっこうマイルもポイントも溜《た》まってたんじゃないかなと。ダメですよ、もう列車移動なんかっ！　新大阪へは、時間は10倍かかっても新幹線じゃなく飛行機で。名古屋も多いようですが、基本、札幌か、沖縄行ってから名古屋ですよ。

三森　うわ、空路で札幌経由！　新しいです……。そしてレベル高いなー！

パラ　この際、東名阪《とうめいはん》は新幹線禁止令で！

三森　ほんと数年に1回とかなんですが、お仕事でビジネスクラスに乗れるチャンスの時に、ラウンジ行ったら、ブッフェにお料理いっぱいあるじゃないですか！　ああ何食べよう、とか。思わずお菓子持っていきたくなったり（笑）。

パラ　いいこと言いましたね。やっぱり庶民的だ。タダっていいですよね。私もチョコレートをポケットに入れておいて飛行機に乗ったら中で溶けてたり……。

三森　機内食もいいですよね〜。あの、夜中にこっそり出してくるアイスクリーム！　あれ、マネジャーと、出てきた時寝ていたらお互い起こし合おうねって、言って寝るんです。

パラ　あれ、出そうな予感がする便の時は、搭乗したらあらかじめCAさんに真顔で言っておくんです。「あのー、アイスクリーム配る時もし私が寝ていたら、首締めてでも起こしてください」って。CAさんはひきつって「わかりましたわかりました！」

と焦《あせ》るという。

三森　それ、今度から取り入れます（笑）。そういえば、ハラールとかベジタリアンの機内食でダイエットされてるって書かれてましたね。

パラ　はい。美味しくて、ダイエットには失敗してますが（笑）。あ、乗り合わせたファンの人から声かけられたりとかありますか？

三森　一緒の便になることもあります。けれどみんな紳士的な方ばかりで、必ずほっといてくれますね。いるなあって感じで通る時にチラチラ見たりする程度で。サインとかダメってファン同士で意志共有してるんですよね。

パラ　いいですね。私、飛行機について書いてるのでよく声かけて頂きますがそれはまあよしとしてまして。先日も、成田から自宅までに3人声かけられて。ツイッターとかよく見てるんですよね。「あのー、今『飛びすぎシール』お持ちじゃないですか……？」とか（笑）。

三森　あ、そう言えば、私のファンの人の中には、地方のライブに飛行機でどこかを経由して来てくださる方も結構いるようです。

パラ　お！　みもりんファンに、修行僧が！　私と趣味嗜好《しこう》が重なってますね～！

三森　なので、私のファンがパラダイスさんの飛行機関連の本読んだら、「あ、そうか！」ってなる人、けっこういる気がします！

パラ　もう、みもりんやスタッフと一緒に、ファンも全員飛行機に乗って行くライブイベントとかいいじゃないですか！　ただ行って帰ってくるだけの「一機まるまる、みもりんと行くツアー」。

三森　あはは、そんなのやったことないからやりたいなあ！　そして、知らないうちにダイヤモンドメンバーに……。

パラ　あれ、なんか最近、みもりんのイベント、地方ばかりになってるなあ、なんて言われ始めるという……。まあそんな冗談は置いといて、最後に、みもりんファンや飛行機ファンに向けてのひとこと、とか何かありますか？　「これから私のライブに来るときは必ず飛行機で来てくださいっ！」とか。

三森　いやいや（笑）。でも本当に、飛行機に乗る人が増えると、航空業界もますます面白い発展があるかもしれないですよね。私の周りの声優さんでもまだ1回も飛行機に乗ったことない人がいるんですよ。怖くて、乗らず嫌いな人なわけですが、たぶんそういう人もまだけっこういると思うから、飛行機がいかに安全な乗り物なのかが、もっと浸透すればいいのになあと思いますね。車に乗ってるより、ずっと安全なわけじゃないですか。

パラ　私、この1年間で2回交通事故に遭ってますからね。しかも、止まっていた車にバイクが突っ込んでくるとか……。なのに、飛行機にこれだけ乗ってまだ一度も落ちてませんからね。

三森　だから今ここにいるわけですね（笑）。

パラ　ここまでくるとね、たぶん一生落ちることはないだろうと。ただ、一度経験してみたいのは、あの機体から出るシューターで脱出してみたいなと。それで、救命胴衣着たまま主翼の上に乗ってハドソン川に浮いていたいです。

三森　わ、わたしは、そ、それはちょっと（笑）。でも、スリリングでいいですよね。

パラ　スリリング⁉　それはなかなかはじけた人の言い方ですなあ〜！　さすが空美《そらみ》予備軍。お互い、これからも乗りまくって飛行機の魅力を伝えていきましょう！

三森　はい、ぜひぜひ！　光栄なお言葉、ありがとうございます！

（二〇一八年一月収録）

プロデュース・編集　石黒謙吾
本文イラストレーション　ソリマチアキラ

座席にお戻り下さい
Return to Seat
ティッシュペーパー Facial

この作品は二〇一三年九月、『パラダイス山元の飛行機の乗り方　1日11回搭乗の「ミリオンマイラー」が教えるヒコーキのあれこれ』というタイトルで、ダイヤモンド・ビッグ社より発行された。文庫化にあたり、サブタイトルを割愛した。

パラダイス山元著
読む餃子
包んで焼いて三十有余年。会員制餃子店の主にして餃子の王様が、味わう、作る、ふるまう！　全篇垂涎、究極の餃子エッセイ集。

伊丹十三著
日本世間噺大系
夫必読の生理座談会から八瀬童子の座談会まで、思わず膝を乗り出す世間噺を集大成。リアルで身につまされるエッセイも多数収録。

入江敦彦著
イケズの構造
すべてのイケズは京の奥座敷に続く。はんなり笑顔の向こう、京都的悦楽の深さと怖さを解読。よそさん必読の爆笑痛快エッセイ！

井上理津子著
さいごの色街　飛田
今なお遊郭の名残りを留める大阪・飛田。この街で生きる人々を十二年の長きに亘り取材したルポルタージュの傑作。待望の文庫化。

井上　雪著
廓のおんな
―金沢　名妓一代記―
七歳の時、百円で身売りされた娘はやがて東の廓を代表する名妓に。花街を生きた女の真実を移りゆく世相を背景に描く、不朽の名著。

飯間浩明著
三省堂国語辞典のひみつ
―辞書を編む現場から―
「辞書作りには、人生を賭ける価値がある」。用例採集の鬼・見坊豪紀の魂を継ぐ編纂者による日本語愛一二〇％の辞典エッセイ。

NHKアナウンス室編
「サバを読む」の「サバ」の正体
—NHK 気になることば—
「どっこいしょ」の語源は？「おかげさま」は誰の〝陰〟？「未明」って何時ごろ？ NHK人気番組から誕生した、日本語の謎を楽しむ本。

小澤征爾著
ボクの音楽武者修行
〝世界のオザワ〟の音楽的出発はスクーターでのヨーロッパ一人旅だった。国際コンクール入賞から名指揮者となるまでの青春の自伝。

太田和彦著
ひとり飲む、京都
鱧《はも》、きずし、おばんざい。この町には旬の肴と味わい深い店がある。夏と冬一週間ずつの京都暮らし。居酒屋の達人による美酒滞在記。

奥田英朗著
港町食堂
土佐清水、五島列島、礼文、釜山。作家の行く手には、事件と肴と美女が待ち受けていた。笑い、毒舌、しみじみの寄港エッセイ。

北方謙三著
十字路が見える
仕事、遊び、酒——俺はこうして付き合ってきた。君はいま何に迷っている？ 日本を代表する作家が贈る、唯一無二の人生指南書。

久住昌之著
食い意地クン
カレーライスに野蛮人と化し、一杯のラーメンに完結したドラマを感じる。『孤独のグルメ』原作者が描く半径50メートルのグルメ。

小林昌平
山本周嗣
水野敬也著

ウケる技術

ビジネス、恋愛で勝つために、「笑い」ほど強力なツールはない。今日からあなたも変身可能、史上初の使える「笑いの教則本」！

酒井順子著

都《みやこ》と京《みやこ》

東京vs.京都。ふたつの「みやこ」とそこに生きる人間のキャラはどうしてこんなに違うのか。東女《あずまおんな》が鋭く斬り込む、比較文化エッセイ。

妹尾河童著

河童が覗いたインド

スケッチブックと巻き尺を携えて、〝覗きの河童〟が見てきた知られざるインド。空前絶後、全編〝手描き〟のインド読本決定版。

つげ義春著

新版 貧困旅行記

日々鬱陶しく息苦しく、そんな日常から、そっと蒸発してみたい、と思う。眺め、佇み、感じながら旅した、つげ式紀行エッセイ決定版。

西村淳著

面白南極料理人

第38次越冬隊として8人の仲間と暮した抱腹絶倒の毎日を、詳細に、いい加減に報告する南極日記。日本でも役立つ南極料理レシピ付。

野々村馨著

食う寝る坐る永平寺修行記

その日、僕は出家した。彼女と社会を捨てて。曹洞宗の大本山・永平寺で、雲水として修行した一年を描く体験的ノンフィクション。

野地秩嘉著
サービスの達人たち

伝説のゲイバーのママからヘップバーンを感嘆させた靴磨きまで、サービスのプロの姿に迫った9つのノンフィクションストーリー。

早川いくを著
へんないきもの

地球上から集めた、愛すべき珍妙生物たち。軽妙な語り口と精緻なイラストで抱腹絶倒。普通の図鑑とはひと味もふた味も違います。

廣末登著
組長の娘
―ヤクザの家に生まれて―

生家は博徒の組織。昭和ヤクザの香り漂う河内弁で語られる濃厚な人生。気鋭の犯罪社会学者が聴き取った衝撃のライフヒストリー。

福岡伸一著
せいめいのはなし

常に入れ替わりながらバランスをとる生物の「動的平衡」の不思議。内田樹、川上弘美、朝吹真理子、養老孟司との会話が、深部に迫る！

松本修著
全国アホ・バカ分布考
―はるかなる言葉の旅路―

アホとバカの境界は？　素朴な疑問に端を発し、全国市町村への取材、古辞書類の渉猟を経て方言地図完成までを描くドキュメント。

宮脇俊三著
最長片道切符の旅

北海道・広尾から九州・枕崎まで、最短経路のほぼ五倍、文字通り紆余曲折一万三千余キロを乗り切った真剣でユーモラスな大旅行。

新潮文庫最新刊

佐々木 譲著

警官の掟

警視庁捜査一課と蒲田署刑事課。二組の捜査の交点に浮かぶ途方もない犯人とは。圧巻の結末に言葉を失う王道にして破格の警察小説。

滝口悠生著

ジミ・ヘンドリクス・エクスペリエンス

ヌードの美術講師、水田に沈む俺と原付。ギターの轟音のなか過去は現在に熔ける。寡黙な10代の熱を描く芥川賞作家のロードノベル。

こざわたまこ著

負け逃げ

R-18文学賞受賞

地方に生まれたすべての人が、そこを出る理由も、出ない理由も持っている——。光を探して必死にもがく、青春疾走群像劇。

辻井南青紀著

結婚奉行

元火盗改の桜井新十郎は、六尺超の剣技自慢の大男。そんな剣客が結婚奉行同心を拝命。幕臣達の婚活を助けるニューヒーロー登場！

彩坂美月著

僕らの世界が終わる頃

僕の書いた殺人が、現実に——？ 14歳の渉がネット上に公開した小説をなぞるように起きる事件。全ての小説好きに挑むミステリー。

古野まほろ著

R.E.D. 警察庁特殊防犯対策官室 ACT II

巨大外資企業の少女人身売買ネットワークを潜入捜査で殲滅せよ。元警察キャリアのみが描けるリアルな警察捜査サスペンス、第二幕。

新潮文庫最新刊

つんく♂著

「だから、生きる。」

音楽の天才は人生の天才でもあった。芸能界での大成功から突然の癌宣告、声帯摘出――。生きることの素晴らしさに涙する希望の歌。

尾崎真理子著

ひみつの王国
―評伝　石井桃子―

新田次郎文学賞、芸術選奨受賞

『ノンちゃん雲に乗る』『クマのプーさん』など、百一年の生涯を子どもの本のために捧げた児童文学者の実像に迫る。初の本格評伝！

橘　玲著

言ってはいけない中国の真実

巨大ゴーストタウン「鬼城」を知らずして中国を語るなかれ！　日本と全く異なる国家体制、社会の仕組、国民性を読み解く新中国論。

河江肖剰著

ピラミッド
―最新科学で古代遺跡の謎を解く―

「誰が」「なぜ」「どのように」巨大建築を作ったのか？　気鋭の考古学者が発掘資料、科学技術を元に古代エジプトの秘密を明かす！

パラダイス山元著

パラダイス山元の飛行機の乗り方

東京から名古屋に行くのにフランクフルトを経由してしまう。天国に一番近い著者が贈る搭乗愛１５０％の〝空の旅〟エッセイ。

徳川夢声著

話術

会議、プレゼン、雑談、スピーチ……。人生のあらゆる場面で役に立つ話し方の教科書。〝話術の神様〟が書き残した歴史的名著。

パラダイス山元《やまもと》の飛行機《ひこうき》の乗《の》り方《かた》

新潮文庫　は - 64 - 2

平成三十年四月一日発行

著者　パラダイス山元《やまもと》

発行者　佐藤隆信

発行所　株式会社 新潮社

郵便番号 一六二—八七一一
東京都新宿区矢来町七一
電話 編集部(〇三)三二六六—五四四〇
読者係(〇三)三二六六—五一一一
http://www.shinchosha.co.jp

価格はカバーに表示してあります。

乱丁・落丁本は、ご面倒ですが小社読者係宛ご送付ください。送料小社負担にてお取替えいたします。

印刷・株式会社光邦　製本・株式会社大進堂

© Paradise Yamamoto 2013 Printed in Japan

ISBN978-4-10-125392-3 C0126